KB069600

보랏빛
섬이 온다

김병희
김신동
홍경수
공저

학지사

머리말

호모 비아토르를 기다리며

　학자들은 다양한 각도에서 인간의 특성을 조명해 왔다. 생각하는 사람(homo sapiens)이나 도구를 사용하는 사람(homo faber) 또는 놀이하는 사람(homo ludens) 같은 정의가 지금까지 우리에게 친숙한 인간에 대한 정의였다. 하지만 프랑스의 실존주의 철학자 가브리엘 마르셀(Gabriel Marcel, 1889~1973)은 정주하지 못하고 이동하는 사람들의 실존적 본성에 특별히 주목했다. 호모 비아토르(homo viator), 그는 재미있게도 인간을 '여행하는 사람'으로 정의했다. 사람이란 어느 한곳에 머무르지 못하고 어디로 떠나는 과정에서 자신의 실존을 확인하는 이동 본능이 있다는 뜻이었는데, 여행이야말로 이동 본능의 최고 정점이 아닐까 싶다.

　우리는 모두 호모 비아토르에 가깝다. 사람은 평생토록 떠도는 길 위의 여행자일지도 모른다. 중세에 살았던 데레사 성녀는 지상에서의 삶이란 "낯선 여관에서의 하룻밤"에 불과하다는 귀한 말씀을 남겼다. 조각가 알베르토 자코메티의 청동 조각상인 〈걸어가는 사람〉을 비롯해 윤동주의 〈길〉, 김기림의 〈길〉, 도종환의 〈가지 않을 수 없던 길〉, 윤석구의 〈늙어 가는 길〉 같은 시에서도 길에서 방황하는 여행자로 인간을 묘사했다. 가수 강수지도 〈보랏빛 향기〉에서 이렇게 노래했다. "그대 모습은 보랏빛처럼 살며시 다가왔지. 예쁜 두 눈에 향기가 어려 잊을 수가 없었네. ······ 길을 걷다 마주치는 많은 사람들 중에 그대 나에게 사랑을 건네준 사람." 길을 걷다 마주친 사람이 보랏빛 사랑을 건네줬다고 고백하는 노래다.

앞으로 여행이 어떻게 변하게 될까? 이 책은 신안군의 여러 볼거리와 즐길 거리를 소개하고 있지만, 결코 여행 가이드북이 아니다. 74개의 유인도를 비롯해 모두 1,025개의 섬(1004섬으로 통칭)으로 구성된 섬들의 천국인 전라남도 신안군에서 인구 절벽과 노령화 현상을 앞두고 지역의 환경과 문화를 바탕으로 섬에 활력을 불어넣기 위해 어떻게 노력해 왔는지 돌아보는 행정 혁신의 기록이다. 그동안 여러 지방자치단체에서 지역 재생을 위한 행정을 펼쳐 왔지만, 퍼플섬의 컬러 마케팅을 비롯한 신안군의 사례만큼 혁신적인 사례는 드물다. 행정 책임자와 구성원 및 주민들이 한마음으로 변화와 혁신을 실천한 결과물이라 더 의미가 크다. 필자들은 기존의 지역 재생 보고서나 관광안내 책자의 한계점을 넘어서자는 데 뜻을 모았다. 이런 문제의식을 바탕으로 세 사람이 집필한 『보랏빛 섬이 온다: 인구소멸시대의 문화예술행정 이야기』라는 책을 이제 세상에 내보낸다. 모두 8개의 장으로 구성된 이 책의 내용을 간략히 소개하면 다음과 같다.

제1장 '색깔이 사람을 끌어들이는 컬러 마케팅'(김병희)에서는 지

역의 사회문화적 배경을 상징하는 색깔에 특별히 주목해 신안군에서 컬러 마케팅 활동을 전개한 과정을 두루 톺아봤다. 이 장에서는 컬러 마케팅의 개념과 사례, 퍼플섬의 컬러 마케팅 활동, 퍼플섬의 컬러 마케팅에 대한 국내외의 반응을 소개하는 동시에 퍼플섬의 보랏빛 외에도 앞으로 각 섬의 특성에 알맞게 컬러 마케팅 활동을 전개하는 데 필요한 전략적 방향성도 제안했다. 나아가 퍼플섬을 치유의 섬, 복원의 섬, 보존의 섬이라는 세 가지 가치를 지닌 섬으로 만들어 가는 컬러 마케팅 활동을 전개하기를 권고했다.

제2장 '꽃과 나무로 지역을 재생하는 그린 마케팅'(김병희, 홍경수)에서는 공공 영역에서도 ESG 경영 활동이 갈수록 중요해지고 있는 상황에서, 신안군에서 2006년부터 시작했던 '플로피아(Flower + Utopia)' 프로젝트의 가치를 다각도로 조명했다. 이 장에서는 그린 마케팅의 개념, 그린 마케팅의 구조와 영역, 꽃과 나무를 활용한 그린 마케팅과 그린 소비자, 신안군의 플로피아 프로젝트에 대해 설명하고, 확장되는 플로피아와 향후 발전 방향을 모색해 봤다. 신안군의 꽃섬 프로젝트는 예술섬과 컬러섬의 모태로 작용했고, 그린 마케팅의 기초로 작용했다는 사실에도 특별히 주목했다.

제3장 '예술로 지역에 활기를 불어넣는 아트 마케팅'(홍경수)에서는 섬들의 천국인 신안군에서 예술작품으로 지역 활성화를 시도하는 아트 마케팅의 가치를 살펴봤다. 이 장에서는 안좌도에 들어서는 플로팅 미술관, 자은도에 들어서는 인피니또 미술관, 비금도의 바다 미술관과 앤터니 곰리, 기점·소악도의 섬티아고 순례길에서 만날 수 있는 건축 미술의 세계, 신안군에서 계속 추진하는 1도 1뮤지엄 사업에 대해 상세히 소개했다. 나아가 미술관 건립이 신안군

의 지역 재생에 정말로 도움이 될지에 대한 의구심이 세계의 저명한 예술가들이 참여함으로써 완전히 해소됐다는 사실도 강조했다.

제4장 '나오시마 예술섬과 에치고 츠마리의 대지예술제'(홍경수)에서는 일본의 나오시마 예술섬 프로젝트와 에치고 츠마리의 대지예술제에 대해 차분히 안내했다. 이 장에서는 신안군에서 벤치마킹의 대상으로 삼을 만한 나오시마(直島) 예술섬 그리고 에치고 츠마리(越後妻有)의 대지예술제에 대해 소개하고, 예술 프로젝트의 성공 조건을 제시함으로써 지역 재생에 필요한 통찰력을 보여 주었다. 예술 프로젝트의 성공 조건으로 제시한 주민 참여의 조직화, 음식 문화의 진흥, 글로벌 플랫폼의 구축은 앞으로 신안군의 지역 재생 정책을 수립하는 데 귀한 참고 자료가 될 것이다.

제5장 '산토리니에서 배우는 글로벌 섬 관광지 개발'(김신동)에서는 최근에 산토리니를 직접 방문하고 느낀 현장감을 중심으로 신안군의 관광지 개발에 필요한 전략의 함의를 제시했다. 먼저, 아름다운 자연 그 자체만으로는 사람들을 끌어들이는 데에 한계가 있기 때문에 인공적인 창조의 손길이 필수적이라는 사실을 강조했다. 무엇보다 이동성(mobility)의 확보가 중요하다고 환기하며, 정주 인구와 유동 인구 증가의 필수적인 조건이 이동성의 확보라는 의미 있는 관점을 제시했다. 관광객이 방문해 금세 떠나는 곳이 아니라, 며칠이고 체류할 수 있는 프로그램의 개발이 앞으로 신안의 관광부흥의 중요한 관건이라고 진단했다.

제6장 '신안군의 장소 마케팅 전략을 위하여'(김병희)에서는 장소 마케팅 활동을 전개하면 지역의 정체성을 확립하고 지역 주민의 '삶의 질'을 높이며, 관광객 유치에도 도움이 된다고 설명했다. 이

장에서는 장소 마케팅의 개념과 특성, 장소 마케팅의 사례, 신안군의 장소 마케팅 전략을 포괄적으로 분석했다. 그리고 통합적 마케팅 커뮤니케이션의 전개, 퍼플섬의 관광 브랜딩 정립, 미술관과 박물관의 다원적 기능 모색, 신안군의 마을 자치 활동의 가동, 글로벌 마케팅 프로그램의 개발, 호혜적인 메세나 활동의 전개라는 여섯 가지 장소 마케팅 전략이 신안군에 필요한 현안이라고 제안했다.

제7장 '지방 소멸 시대를 넘어서는 신안군의 도전'(김신동)에서는 인구 소멸 시대에 인구 감소와 경제 성장이 꼭 함께 가는 것은 아니라는 사실을 다양한 맥락에서 고찰했다. 지역 재생을 위한 전략에는 정주형 재생전략과 방문형 재생전략이 있는데, 신안군의 특성에는 방문형 재생전략이 가장 적합한 방안이라고 추천했다. 앞으로 신안군에 필요한 것은 자연적 아름다움에 인공적 창조를 곁들이기, 다양한 매력을 끊임없이 만들어 내기, 글로벌 관광지를 지향하기, 문화예술 특산품의 개발이 필요하다고 제안하며, 지방 소멸 시대를 넘어서는 신안군의 도전에 대한 앞으로의 비전을 제시했다.

제8장의 '박우량 군수와의 대화'(홍경수, 김신동)에서는 신안군에서 지역 재생을 위해 쏟은 열정의 시간에 대해 나눈 대담 내용을 소개했다. 이 장에서는 섬을 에코 뮤지엄으로 만들어 간 콘셉트, 세계적인 톱 예술가들을 신안으로 집결시킨 과정, 직원의 열정이 솟게 하려면 군수가 현안에 미쳐야 한다는 공직자의 철학, 지자체장에게 꼭 필요한 역량인 상상력의 중요성에 대해 두루 의견을 교환했다. 특히 위험도 있고 실패할 확률도 있지만 주민들이 요구하기 전에 한발 앞서 정책을 제시하는 창의성과 상상력이 있어야 나름대로 성공 가능성이 높다는 박 군수의 주장은 깊은 울림을 남긴다.

　이 책이 나오기까지 신안군에서 물심양면으로 많은 도움을 주셨다. 누구보다 먼저 박우량 신안군수님께 감사드린다. 이 책에 깊은 관심을 보여 주셨지만 그보다 지금의 신안군이 있기까지 많은 성과를 이룩하신 노고에 더 크게 감사한다. 신안군의 혁신 행정에 대한 이야기를 들려주고 군수님을 소개해 주신 목포 MBC의 김윤 국장님으로부터도 큰 도움을 받았다. 원고의 기획과 집필 과정에서 도움을 아끼지 않으신 이정수 기획홍보실장님과 주춘규, 최봉훈, 정지성, 명대현 주무관님, 귀한 경험을 공유해 주신 저녁노을 미술관의 이승미 관장님과 정원산림과의 장유 담당님, 문화관광과의 박상규 과장님과 이미주 선생님 그리고 선도축제조직위원회의 박기남 위원장님께도 감사드린다. 또한 신안군 농업기술센터의 박영철 소장님과 정원산림과의 박성진 과장님 및 기술보급과의 박강용 담당님의 협조도 많은 도움이 되었다.

　출판 여건이 어려운데도 기꺼이 책을 출판해 주신 학지사의 김진환 사장님과 최임배 부사장님 그리고 원고를 검토해 더 좋은 책으로 만들어 준 편집부의 김순호 이사님과 김진영 차장님께도 고맙다는 인사를 전한다. 바쁜 와중에도 즐거운 마음으로 원고를 나눠 쓴 세 사람의 필자끼리도 출판의 기쁨을 함께 나누고 싶다. 기획에서부터 원고 마감에 이르기까지 결코 충분하지 않은 시간이었지만, 필자들은 서로를 채근하며 꼭 필요한 알짜 지식만 엄선해 원고를 쓰려고 공을 들였다.

　지역 행정을 맡고 있는 수백만 명의 공무원과 공공기관 종사자가 이 책을 꼭 읽었으면 좋겠다. 낮은 재정자립도와 불리한 교통 여건 속에서도 신안군이 창의적인 아이디어와 끈질긴 노력으로 주민들의 참여를 어떻게 이끌어 냈는지 배울 수 있기 때문이다. 더불어 이 책이 신안군과 퍼플섬의 지역 재생 이야기를 많은 사람에게 안내하는 내비게이션 같은 지침서가 되기를 기대한다. 신안군 퍼플섬에 다녀온 사람들이 인스타그램이나 메타(페이스북)에 올린 여행 후기를 대충 살펴봐도 모름지기 '인스타그래머블'이라 할 만하다. 인스타그래머블(instagramable)이란 '인스타그램에 올릴 만한'이란 뜻으로, 사진 공유 소셜미디어인 인스타그램(instagram)과 영어 '에이블(able)'을 합쳐 젊은이들이 만든 신조어다. 젊은이들은 인스타그램에 올릴 만한 사진을 찍을 곳이 있는지 없는지에 따라 여행지를 선택하는 경향이 있다.

여행 후기를 남긴 많은 사람이 퍼플섬 입구에서 바다에 펼쳐진 퍼플교를 바라보는 것만으로도 여행이 끝났다고 생각될 정도로 행복감을 느꼈다고 했다. 초원에 누런 소나 하얀 소가 아닌 '보랏빛 소'가 나타난다면 눈길을 사로잡듯이, 퍼플섬은 분명 보랏빛 소처럼 주목할 만한 여행지라 할 수 있다. 지금 떠날 준비를 하고 있는 호모 비아토르라면 신안군의 여러 섬을 둘러보며 낯선 시간 속으로 떠나 보라고 권하고 싶다. 보랏빛 섬에 가 보라! 보랏빛 소가 오듯 보랏빛 섬이 다가오리라. 보랏빛 퍼플섬이 저만치에서 당신을 활짝 반기며 다가올 것이다. 떠나자, 호모 비아토르여!

2022년 11월
필자들을 대신하여 김병희

차례

보랏빛 섬이 온다

제1장

색깔이 사람을 끌어들이는 컬러 마케팅

김병희(서원대학교 광고홍보학과 교수)

색깔이 어떻게 사람을 끌어들일 수 있을까? 경관을 구성하는 여러 요인 중에서 색깔은 경관 구성에 결정적인 영향을 미친다. 색깔은 어느 지역의 사회적 · 경제적 · 문화적 배경을 암시하는 동시에 지역성과 생활상을 상징하기도 한다. 신안군과 주민들은 반월도와 박지도에 자생하는 도라지 군락지의 보랏빛 특성을 고려해 보랏빛 섬을 조성하고 '퍼플섬'이라 부르기 시작했다. 그러자 많은 사람이 몰려들었고, 국내외 언론에서 주목하기 시작했다. 보랏빛이 사람들의 마음을 유혹한 것이다.

이처럼 색깔을 활용해서 어떤 대상을 알리는 마케팅 활동을 컬러 마케팅이라고 한다. 마케팅 전문가 세스 고딘은 초원에 누런 소나 하얀 소가 아닌 보랏빛 소가 나타난다면 사람들의 눈길을 사로잡을 것 같다는 영감이 떠올라『보랏빛 소가 온다』라는 책을 썼다. 온통 보랏빛으로 물든 퍼플교를 비롯해 박지도의 라벤더 정원에 보랏빛이 가득 찬 광경을 보며 사람들은 퍼플섬의 매력에 푹 빠졌다. 이 장에서는 신안군에서 전개한 컬러 마케팅 활동에 대해 살펴보고자 한다.

1. 컬러 마케팅의 개념과 사례

컬러 마케팅(color marketing)이란 어떤 색깔로 구매 욕구를 자극하는 마케팅 기법으로, 사람들이 좋아할 만한 색상을 활용해 브랜드 자산을 구축하기 위한 마케팅 활동이다. 색깔은 사람들의 감정이나 정서에 영향을 미치기 때문에 색깔도 의사 결정에 영향을 미치는 중요 요인이라는 관점이 컬러 마케팅을 뒷받침하는 기본 논리다. 1920년대에 미국에서 판매되던 만년필은 검정색이었는데, 파커(Parker)사는 빨간색이 여성의 마음을 사로잡는다는 사실을 발견하고 빨간색 만년필을 출시했다. 이것이 컬러 마케팅의 시초로 알려져 있다. 예컨대, 어떤 관광객은 전라남도 신안군의 퍼플섬(purple island) 초입에서 바다에 펼쳐진 1,462m의 보랏빛 다리(퍼플교)를 바라만 봐도 심장이 두근두근 떨려 오고 행복감이 몰려 오는 경험을 할 수도 있다. 보랏빛 컬러 마케팅의 위력이다.[1]

소비자들의 구매의사 결정에 있어서 시각 87%, 청각 7%, 촉각 3%, 후각 2%, 미각 1%의 순으로 영향을 미친다고 알려져 있다. 컬러 마케팅에서는 색깔을 활용해 소비자의 감성을 자극하는데, 감성이 중요해진 디지털 미디어 시대에 고부가 가치를 약속하는 마케팅 기법이다. 정보가 넘쳐 나는 상황에서 어떤 색깔을 소비자에게 주입하면 해당 브랜드를 알리기 쉽다. 유통업계에서 주로 활용하던 컬러 마케팅은 이제 기업을 넘어 공공 영역에서도 컬러 마케팅을 중시한다. 세계적인 컬러 브랜드인 팬톤(PANTONE)에서 해마다 발표하는 '올해의 컬러'는 컬러 마케팅의 방향을 결정하는 데 상당한 영향을 미치고 있다.

컬러 마케팅 활동을 적극적으로 전개해 브랜드 자산을 구축한 브랜드들을 살펴보기로 하자. 첫째, 빨간색(red)은 코카콜라를 떠올리게 한다. 빨간색은 주목도를 높이지만 공복감을 유발해 식욕을 돋우기도 한다. 코카콜라는 2011년에 북극곰 문제를 해결하기 위한 친환경 마케팅 활동을 전개하며 하얀색 캔을 판매하다 소비자들의 항의에 부딪혀 한 달 만에 빨간색 캔으로 바꿨다. 둘째, 초록색(green)은 평화와 안정을 뜻하는데, 스타벅스는 브랜드 로고부터 실내 인테리어에 이르기까지 초록색을 활용했다. 네이버도 초록색을 활용해 평화롭고 안정적인 이미지를 창출했다. 셋째, 파란색(blue)은 차가움과 우울함을 상징하지만 미래지향적인 느낌도 있어 정보통신 기업에서 선호한다. 삼성전자는 혁신적인 기업의 이미지를 제고하려고 파란색을 썼다. 넷째, 검정색(black)은 어둡지만 세련미나 모던한 느낌을 준다. 샤넬 같은 패션 브랜드는 검정색과 흰색을 대비시켜 고급스러움을 강조한다. 다섯째, 노란색(yellow)은 따뜻하고 친근한 느낌을 주며 비교적 눈에 잘 띈다. 카카오는 노란색을 써서 친근하고 밝은 기업 이미지를 얻었다. 여섯째, 보라색(purple)은 신비롭고 고귀한 느낌이라 고급 패션 브랜드에서 주로 활용한다. 명품 패션 브랜드 안나수이는 보라색으로 고품격 이미지를 강조함으로써 돋보이는 브랜드 이미지를 구축했다.

보라색을 활용해 컬러 마케팅 활동을 적극적으로 전개한 마켓컬리의 사례는 신안군 퍼플섬의 컬러 마케팅 활동에도 시사점을 남겼다. 온라인 식품 배송업체 마켓컬리는 보라색을 활용해 컬러 마케팅 활동을 전개함으로써 브랜드의 정체성을 조기에 정립했다.

[그림 1-1] 퍼플섬의 브랜드 조형물 'I PURPLE You'

유기농 식재료를 취급하면서도 초록색을 피했고, 식욕을 돋운다는 빨간색도 피하며, 보라색으로 승부를 걸어 고급스런 이미지를 각인시켰다. 보라색은 가시달팽이의 분비액을 모아 몇 달 동안 햇빛에 말려야 얻을 수 있는 염료라 동서양을 막론하고 부귀의 상징이었다. 그렇기에 주요 고객층이던 여성의 관심을 끌었고, 소비자들은 마켓컬리를 이용하면 친환경 경영에 동참하는 셈이라며 만족감을 나타냈다. 그리고 동틀 녘의 새벽 배송이 자연스럽게 연상되게 해서 주부들의 호평을 얻었다.[2]

　이처럼 컬러 요소는 사람의 마음을 움직이는 매력이 있기에 여러 기업에서는 상징 색을 활용해서 컬러 마케팅 활동을 활발히 전개해 왔다. 컬러 마케팅의 장점은 브랜드 자산을 키우는 데 기여하고, 브랜드 정체성을 형성하는 데 영향을 미치고, 경쟁 브랜드와의 차별화를 시도하는 데 효과적이며, 브랜드의 구매 욕구를 촉구한다는 점이다. 나아가 브랜드를 대변하는 특정 컬러를 계속 써서 브랜드 스토리를 창출한다면 차별적인 브랜드 자산을 구축할 수 있다. 현대의 소비자들은 복잡한 것을 싫어하고 이미지에 쉽게 반응하기 때문에 어떤 컬러에 집중하는 컬러 마케팅 활동은 갈수록 중요해지고 있다. 컬러 마케팅이 효과적이라는 사실은 여러 연구에서도 입증되고 있다.

예컨대, 외식산업에서 컬러 마케팅이 브랜드 이미지와 재방문 의도에 미치는 영향을 규명한 연구에서는 컬러 마케팅에 의한 연상성과 주목성이 브랜드 이미지와 고객만족에 긍정적인 영향을 미치며, 브랜드 이미지는 고객만족과 재방문 의도에 긍정적인 영향을 미친다는 것이다. 이 연구는 외식산업에서 컬러 마케팅의 중요성을 환기함으로써 고객만족과 고객 충성도를 제고할 전략적 방향을 제시했다.[3]

컬러 마케팅과 마케팅 성과의 영향 관계를 분석한 연구에서는 컬러 마케팅에 의한 상징성과 연상성이 브랜드 카리스마에 영향을 미쳤다고 보고했다. 컬러의 상징성은 브랜드 충성도와 브랜드 만족도에, 컬러의 연상성은 브랜드 충성도에, 컬러의 식별성은 브랜드 만족도에 유의미한 영향을 미쳤다는 것이다. 이 결과는 컬러 마케팅을 고객 유인 전략에 활용하는 동시에 고객 관계 관리의 수단으로 활용할 수 있음을 의미한다.[4]

나아가 신안군의 반월도와 박지도의 경관 특성에 대해 빅데이터 분석을 실시한 연구에서는 색채를 활용한 경관 조성이 지역 활성화에 영향을 미쳤다고 보고했다. 보랏빛을 주제로 조성한 최초의 섬인 반월도와 박지도에서 인공 시설물에 사용된 색채가 주변 환경과 유사한 색채 계열, 상반되는 명도, 채도 값으로 주변 환경과 어느 정도 조화를 이뤘다는 사실을 발견했다는 사실에 연구의 의의가 있다.[5]

관광객들이 방문지에서 자신이 좋아하는 대상을 찍은 사진에 글을 써서 올리는 상황에서 퍼플섬은 사진 찍기에도 매력적인 장소로 떠올랐다. 배병우와 마이클 케나 같은 세계적인 사진작가들이 신안군의 풍광을 몇 년에 걸쳐 담아내고 있을 정도다. 그들은 사진을 촬영하면서 퍼플섬을 비롯한 신안군의 여러 섬을 다채로운 각도에서 담아내고 있다. 신안군 12개 지구의 34개 마을을 대상으로 이루어진 지역별 컬러 마케팅 사업에서 신안군과 주민들이 협의해서 결정한 지구별 색상은 퍼플, 코발트블루, 밝은 노랑, 주홍, 하늘색인데, 색깔의 차별화 전략은 신안군의 관광산업을 활성화시킬 기초 자산이 될 것이다.

2. 신안군 퍼플섬의 컬러 마케팅 활동

신안군은 74개의 유인도를 비롯해 모두 1,025개의 섬으로 구성된 섬들의 천국이다.[6] 각 섬에는 고유한 문화유산이 있고 천혜의 자연 경관이 뛰어나다. 전라남도는 2015년에 '가고 싶은 섬 가꾸기 사업'을 남도의 섬 6곳에서 시행한 이후 2024년까지 해마다 2개의 섬을 추가해 모두 24개 섬의 생태 자원을 보존하고 재생하며 문화를 발굴하는 사업을 전개해 왔다. 퍼플섬은 [그림 1-2]와 같이 반월도와 박지도를 아울러 일컫는 말이다.

마을의 지형이 반달 모양인 반월도는 동경 126°6′, 북위 34°42′에 위치하며, 총 면적 1.97km², 해안선 길이 6.7km, 연평균 기온 14.1℃, 강수량 1,172mm이다. 2022년 현재의 인구는 59세대에 109명(남 52명, 여자 57명)이다. 목포항에서 서쪽으로 32km 지점에 있다. 과거에는 지도군 기좌면에 속했지만 1914년에 행정 구역을 개편할 때 '토촌' 마을과 합쳐 '반월리'로 명명해 무안군 기좌면에 편입됐다가 1917년에 다시 안좌면으로, 1969년에는 무안군에서 신안군으로 편입됐다. 지형이 반달형이라 처음에는 '반월'이라 했으며, 가장 큰 마을이라는 '큰몰'이나 '대리'로 불리기도 했다.

마을의 지형이 바가지 모양인 박지도는 동경 126°07′, 북위 34°42′에 위치하며, 총 면적 1.19km², 해안선 길이 4.6km, 연평균 기온 14.1℃, 강수량 1,172mm이다. 2022년 현재의 인구는 24세대에 34명(남 19명, 여 15명)이 거주하고 있다. 박지도 역시 1896년에 지방의 관제가 개정되자 자라면 지도군에 속했다가 1914년에 행정 구역을 개편할 때 '박지'라고 명명해 무안군 기좌면에 편입됐다. 다시 1917년에 안좌면에 편입된 이후 1969년에 반월도와 함께 무안군에서 신안군으로 편입됐다.[7]

퍼플섬이라는 별칭을 얻은 반월도와 박지도는 1,000년 전부터 사람이 살기 시작했다. 1980년대에는 두 섬에 거주하는 인구가 700명에 달했지만 도시화와 산업화의 여파로 2022년 현재는 143명으로 줄었다. 두 섬의 주민들은 근해 어업과 갯벌에서 생계 활동을

[그림 1-2] 반월도와 박지도를 아우르는 퍼플섬 일대

하면서 약간의 밭농사를 하며 살아가고 있다. 반월도와 박지도는 각각 다른 섬이지만, 박지도 '할배당'과 반월도 '할매당'의 당산 숲이 '아름다운 숲' 전국대회에서 공존상을 받았을 정도로 유명하다. 유네스코는 섬 전역과 인근 지역을 신안다도해 생물보전 지역으로 지정했고, 정부에서도 다도해 해상 국립공원과 갯벌도립공원으로 지정해 천혜의 자연환경을 보전하고 있다.

젊은이들이 떠난 다음 고령화가 급속히 진행되던 섬을 관광 자원을 활성화시켜 되살려 보자는 시도는 주민의 제안에서 시작됐다. 반월도와 박지도가 2015년의 '가고 싶은 섬 가꾸기 사업'에 선정되면서 두 섬의 경관과 주거 환경을 개선하는 작업이 시작됐다. 섬의 자원을 조사하는 과정에서 반월도의 주민들이 보라색 꽃을 피우는 참도라지(왕도라지)를 많이 재배하고 있고, 보라색 꽃을 피우는 꿀풀이 섬에 많다는 사실이 확인됐다. 참도라지와 콜라비는

물론 지천에 널려 있는 꿀풀의 색깔이 모두 보랏빛이었다. 신안군
은 반월도와 박지도의 생태적 특성을 반영해 보라색을 활용해서
컬러 마케팅 활동을 전개하기로 결정했다. 2015년부터 반월도와
박지도를 '보랏빛 성지'로 가꾸자는 민관 협력이 본격적으로 시작
된 것이다.

　2008년 5월 12일, 당시의 박우량 신안군수는 신안군 흑산면의
장도 주민들에게 쌀을 전달하러 방문했는데 장도의 주민들은 박
군수에게 건의 사항을 말했다. 주민들은 슬레이트 지붕이 너무 낡
아 바람에 위험하고, 비가 새는 곳이 많다며 양철 지붕으로 교체
해달라는 민원이었다. 기왕에 지붕 개량 공사를 하려거든 유럽처
럼 마을 지붕에 색칠해 경관을 개선하면 홍도나 흑산도에 가는 관
광객들이 장도의 아름다운 경관을 보지 않겠느냐는 박 군수의 제
안에 따라 지붕 채색을 시작한 적이 있었다. 그러나 그때까지만 해
도 컬러 마케팅 계획이 체계적으로 수립된 것은 아니었다. 신안군
은 2019년 초부터 반월도와 박지도의 경관 개선을 위한 지붕 채색
작업을 본격적으로 시작했다. 이렇게 해서 반월도 90곳, 박지도 30
곳, 두리도 67곳의 지붕을 보랏빛으로 채색했다. 주민들이 살고 있
는 집의 지붕을 위에서 보면 온통 보랏빛 천지다.

　퍼플섬에서 가장 주목할 만한 퍼플교는 두리-박지 구간의 547m
와 박지-반월 구간의 915m를 합쳐 모두 1,462m의 보랏빛 다리다.
보랏빛 다리인 퍼플교를 비롯해 온통 보랏빛 섬이 만들어지기까지
모든 과정에 주민들이 참여했다. 퍼플교는 "두 발로 걸어서 육지로
나오고 싶다"는 박지도의 주민 김매금 할머니의 소박한 소망을 담
아 2007년에 신 활력 사업으로 목교(木橋)를 만들기 시작해 2008년

[그림 1-3] 퍼플교의 보랏빛 조망

[그림 1-4] 퍼플교의 보랏빛 야경

에 완공했다. 완공 직후에는 '천사의 다리'라고 불렀다.

그러나 2014년 7월에 민선 군수가 바뀌면서 2015년에 '천사의 다리'는 '소망의 다리'로 개명됐다가 2018년 7월에 박우량 군수가 다시 군수로 취임하면서 '천사의 다리'로 복원됐다. '천사의 다리'로 복원됐지만 압해도에서 암태도를 잇는 다리가 준공 시점에 다가오면서 다시 작명해야 하는 문제에 직면했다. 공사 중에는 '새천년대교'라고 불렸지만 1998년 무렵의 추진 시점에 지은 이름이었기 때문에 2018년 말에 개통을 앞두고 '천사(1004)대교'로 확정하면서 그이름이 '천사의 다리'와 중복됐다. '천사의 다리'는 시간이 흐르면서 노후화됐다. 다리 이름도 '퍼플교'라 명명했다. 참도라지와 콜라비는 물론 꿀풀의 보랏빛 꽃에서 착안해 소망의 다리를 보랏빛으로 채색함으로써 지금의 퍼플교가 탄생한 것이다. 퍼플교 인근에 보랏빛 꽃을 피우는 라벤더 12만 주와 아스타 국화 24만 주 그리고 아네모네 10만 주를 심어 보랏빛 천지로 만들었다.

이전에는 목포시 북항의 선착장에서 배를 타야 섬에 도착할 수있었지만, 2019년에 천사대교가 개통되자 퍼플섬에 접근하기도 훨씬 쉬워졌다. 천사대교가 개통되자 다리, 해안도로, 마을의 집 지붕, 자동차, 길가의 파라솔, 작은 창고나 건물의 벽, 주민의 옷, 앞치마, 식기, 커피잔까지 모두 보랏빛 일색으로 꾸몄다. 주민들은 아스타 국화와 자목련을 식재하고 라벤더 정원도 조성했다. 주민들이 가꾸는 라벤더 군락지는 보랏빛으로 장관을 이룬다. 바람의 언덕의 라벤더 정원에 있는 보라색 공중전화도 인상적이다. 신안군과 주민들은 가로등에서부터 공중전화기에 이르기까지 섬 전체를 온통 보랏빛으로 물들였다. 해안 산책로에는 라벤더, 자목련,

[그림 1-5] 박지도 박지 마을의 보랏빛 지붕 채색

[그림 1-6] 박지도의 보랏빛 라벤더 군락지

수국, 보랏빛 순무 등 온통 보랏빛 꽃들의 천지라 퍼플섬은 '보랏빛 천국'이란 명성도 얻었다.

반월도 카페 앞에는 보랏빛의 반달 조형물에 생텍쥐페리의 소설 『어린 왕자』(1943)에 나오는 어린 왕자와 사막여우가 앉아 있고, 박지도 매표소 앞에는 보라색 호랑이 조형물도 있다. 『어린 왕자』 조형물에는 소설의 한 대목을 이렇게 소개하고 있다. "너의 장미꽃이 그토록 소중한 것은 그 꽃을 위해 네가 공들인 그 시간 때문이야." 관광객들은 『어린 왕자』의 조형물 앞에서 사진을 찍으며 동심의 세계로 돌아가고는 한다. 퍼플교에서 은은하게 퍼져 나오는 보랏빛 조명은 야간에 바닷물과 만나 신비로운 아름다움을 연출한다.

이렇게 해서 반월도와 박지도라는 작은 섬에 세계가 감탄할 만한 보랏빛 성지가 조성됐다. '가고 싶은 섬 가꾸기 사업'을 시행한 이후 방문객이 두 배 가량 증가했고, 차량으로 건널 수 없는 퍼플교에 여행객이 많을 때는 1천 명 이상 몰리는 경우도 많다. 사시사철 보랏빛이 만발한 퍼플섬이 탄생하자 번잡한 일상사로 심신이 지친 사람들은 반월도와 박지도의 아름다운 풍광을 보며 감동과 위로를 받았다. 보랏빛 컬러 마케팅이 고령화가 급속히 진행되던 섬을 활기찬 섬으로 탈바꿈시켰다고 평가할 수 있다.

섬 전체를 대상으로 컬러 마케팅을 전개한 퍼플섬은 이제 전국적인 관광 명소를 넘어 세계인들의 주목을 끌고 있다. 문화체육관광부에서는 사계절 내내 보랏빛 천지인 퍼플섬을 꼭 가 봐야 할 대표 관광지 100선에 선정했다. 행정안전부에서도 퍼플섬을 걷기 좋은 곳으로 선정했다. '문 브릿지(Moon Bridge)'를 통해 반월도, 퍼플교, 박지도에 이르기까지 7.6km를 걸을 수 있고, 해안 산책로를 따

[그림 1–7] 퍼플교의 보랏빛 채색

[그림 1–8] 퍼플섬 승합차의 보랏빛 채색

라 박지산 4.4km를 더 걸어갈 수 있다. 퍼플섬 입구에 자전거 대여소가 있으니 자전거를 타고 퍼플섬의 구석구석을 속속들이 누벼도 좋다. 이제 퍼플섬은 명실상부하게 서남권 최고의 트레킹 코스라는 명성도 얻었다.

보라색은 파랑의 우아함과 빨강의 강렬함을 합친 색으로, 성경에서도 왕들이 선호하는 고귀하고 매력적인 색으로 묘사했다. 파랑과 빨강 사이의 어딘가에 존재하는 보라색은 파랑과 빨강을 섞는 비율에 따라 다양한 색깔로 변한다. 직관력, 통찰력, 상상력, 자존심, 관용과 연관되는 보라색은 우아하고 기품 있는 화려함을 상징하는 신비스런 색깔이다. 보라색을 좋아하는 사람은 감수성이 풍부하고 미적 감각이 뛰어나다고 하지만, 반면에 정서 불안과 질투나 우울 같은 복잡한 내면 심리를 드러내기도 한다. 여성스러움을 표현하고 싶을 때 보라색을 이용하면 효과적인데, 옅은 보라는 우아하고 고상한 느낌을 준다. 보라색은 분명 차별화를 시도하기에 적합한 색상이지만, 잘못 쓰면 천박해 보이거나 인공적인 느낌을 준다.

그럼에도 보라색이 치유를 상징하는 색깔이라는 사실에 주목해야 한다. 일본의 색채심리학자이자 색채치료 전문가인 스에나가 타미오(末永蒼生)는 『색채 심리』(2001)에서 보라색의 심리를 '고통을 치유의 힘으로 바꾸는 색'이라고 설명했다. 인간의 생명력은 균형을 유지하려는 성향이 있는데, 빨강과 파랑이 섞인 보라색은 갈등을 해소하려는 느낌이라는 것이다. 스에나가 타미오는 "위기 상황에서 사람들은 보라색에 마음을 빼앗기는데, 보라색은 침울한 파랑에서 생기를 얻는 빨강으로 전도되는 과정에서 생명력의 균형을 회복하려는 성질을 가지고 있다."며 보라색이 지닌 치유의 가치에 주목했다.[8] 위기에 직면한 사람들이 스스로 갈등을 치유하기 위해 보라색의 매력에 빠져든다는 의미다. 즉, 보라색은 마음을 보살피는 조화와 치유(healing)의 색깔이라 할 수 있다.

마케팅 전문가 세스 고딘(Seth Godin)은 『보랏빛 소가 온다(Purple cow)』(2003)에서 사람의 마음을 움직이려면 아주 좋은 정도로는 안 되며 '주목할 만한(remarkable)' 그 무엇이 있어야 한다고 했다. 프랑스 농촌을 여행하던 어느 날, 저자는 차창 밖의 젖소들이 한가로이 풀을 뜯고 있는 풍경이 좋아 보였지만 그 장면이 계속되자 지루함을 느꼈다. 그때 누런 소나 하얀 소가 아닌 보랏빛 소가 나타난다면 사람들의 눈길을 사로잡을 것 같다는 영감이 떠올라 책을 썼다.[9]

저자는 '리마커블'을 이야기할 만한 가치가 있는 것으로 설명했다. 리마커블의 반대말은 '나쁘다(bad)'나 '보통이다(mediocre)'가 아닌 '아주 좋다(very good)'라는 저자의 말처럼, 퍼플섬은 보랏빛 소처럼 주목할 만한 매력 공간이다.

3. 퍼플섬의 컬러 마케팅에 대한 국내외의 반응

신안군의 컬러 마케팅 활동이 좋은 반응을 얻자 퍼플섬에 대한 국내외 언론들의 반응도 뜨거웠다. 2020년에 독일의 위성방송인 프로지벤(Prosieben)과 홍콩의 유명 여행 잡지인 『유 매거진(U Magazine)』에 소개된 이후, 퍼플섬은 세계인의 주목을 받았다.

『유 매거진』에서는 퍼플섬을 한국의 '열폭여점(熱爆旅點, 뜨거운 여행지)'이라 소개하고, 6.2km의 보랏빛 길, 퍼플교, 라벤더 정원 등 곳곳을 폭넓게 안내했다(U Magazine 2020. 8. 28).[10] 글로벌 언론사인 CNN은 '사진작가들의 꿈의 섬'이라 설명하며, 사진 8장에 섬 구석구석을 담아 소개했다(CNN 2021. 2. 8).[11]

　폭스뉴스도 인스타그램에 사진 올리기 좋은 보랏빛 천국이라 소개하며 반월도가 퍼플섬으로 바뀐 과정을 상세히 설명했다(Fox News 2021. 2. 19). 필리핀의 텔레비전 채널인 ABS-CBN 뉴스에서는 생태 환경을 반영한 퍼플섬의 밝은 미래를 전망했다(ABS-CBN News 2021. 3. 16). 인도의 뉴스 채널인 WION에서는 퍼플섬의 매력을 소개하며, BTS의 상징인 퍼플과 퍼플섬이 어떻게 관련되는지 궁금하다고 했다(WION 2021. 3. 15). 아랍권 최대의 위성 방송사인 알자지라에서는 반월도와 박지도의 변신에 대해 '섬의 재발명'이라고 평가했다(Al Jazeera 2021. 5. 25). 우리나라 언론에서도 외신을 소개하며 퍼플섬의 관광 가치를 보도했다(연합뉴스 2021. 2. 23).[12]

[그림 1-9] 미국 CNN (2021. 2. 8.)　　　[그림 1-10] 미국 Fox News (2021. 2. 19.)

[그림 1-11] 필리핀 ABS-CBN News (2021. 3. 16.)

[그림 1-12] 인도 WION (2021. 3. 15.)

[그림 1-13] 아랍 Al Jazeera (2021. 5. 25.)

[그림 1-14] 연합뉴스(2021. 2. 23.)

[그림 1-15] 홍콩 U
Magazine (2020. 8. 28.)

[그림 1-16] 유엔 세계 최우수 관광마을 인증서(2021)

　2021년 12월 2일, 스페인의 마드리드에서 열린 유엔세계관광기구(UNWTO) 총회에서는 퍼플섬을 '제1회 유엔 세계 최우수 관광마을'로 선정했다. 유엔 전문기구로 1975년에 설립된 유엔세계관광기구는 관광 진흥 정책을 조정하는데, 한국을 비롯한 155개의 회원국과 6개의 준 회원국 및 400여 지부로 구성돼 있다. 유엔세계관광기구의 베스트 관광마을 사업은 로컬 푸드를 포함한 자연 풍광과 문화의 다양성, 그리고 지역의 가치와 함께 농촌 마을의 공동체를 보호하는 활동 등에 대해 평가하여 선정한다. 퍼플섬은 세계 75개국의 170개 마을과 경쟁한 결과, 퍼플섬이 3등급 중에서 가장 높은 1등급에 선정됐다. 섬마다 지닌 생태 환경과 문화적 특성을 살려 섬마다 독특한 컬러가 있는 섬을 만들어 가는 신안군의 노력을 유엔과 전 세계가 인정해 주었다는 점에서 매우 뜻깊은 경사였다.

　신안군은 퍼플섬이 유엔으로부터 세계 최우수 관광마을로 선정됐다는 사실을 알리기 위해 [그림 1-17]과 같은 홍보물을 제작해 관광 활성화에 대한 기대감을 한껏 부각시켰다. 앞으로 퍼플섬은 아시아권의 새로운 관광 명물로 부상할 것이 분명하다.[13] 반월도

[그림 1-17] '세계 최우수 관광마을' 선정 홍보물(2021)

와 박지도가 유엔으로부터 '세계 최우수 관광마을'로 선정되고, '한국 관광의 별'을 수상할 수 있었던 원천은 섬마다 독자적인 색깔의 매력을 뽐내야 경쟁력을 갖는다는 사실을 신안군민 모두가 공감하고 함께 노력한 에너지가 있었기 때문이다.

　보라색은 공교롭게도 세계적인 K-팝 스타인 방탄소년단(BTS)의 상징 컬러다. 그들이 다시 뭉쳐 퍼플섬에서 공연을 하거나 뮤직비디오를 찍는다면 환상적인 조합이 될 것 같다. 2022년 2월에는 파리 패션쇼에서 한국 패션을 알릴 소개 영상을 퍼플섬에서 촬영했다. 소개 영상에서는 바다와 섬을 배경삼아 퍼플교를 런웨이 무대로 활용했다. 남도의 작은 섬이 파리 패션쇼에까지 알려질 정도이니 퍼플섬에 대한 관심이 앞으로도 폭발적으로 증가할 것이다.

4. 신안군의 계속되는 컬러 마케팅

신안군은 퍼플섬의 컬러 마케팅 활동 외에도 여러 섬의 특성에 맞춰 컬러 마케팅 활동을 전개해 왔다. '가고 싶은 섬 가꾸기 사업'에서 경관 개선에 치중한 것이 대표적인데, 먼저 지붕 채색을 마치고 점차 섬 전체의 조형물에 색깔을 칠하는 과정으로 진행했다. 반월도와 박지도에서부터 자은도에 이르기까지 여러 섬마을의 지붕에 컬러 마케팅의 손길이 닿도록 했다. 섬마을의 자연 경관과 마을별 특색을 반영한 지역별 색채 사업은 12개 지구의 34개 마을을 대상으로 이루어졌다. 2,520곳에 약 45억 9,500만 원의 사업비를 투자해 진행한 컬러 마케팅 사업은 앞으로도 계속 진행된다.

〈표 1-1〉 컬러 마케팅의 일환으로 진행된 지붕 채색 현황

지구 이름	마을 이름	개소 (곳)	사업비 (백만 원)	색깔
반월 · 박지도	반월	90	389	퍼플
	박지	30		퍼플
	두리	67		퍼플
기점 · 소악도	북촌	34	147	주홍
	남촌	33		주홍
	소기점	15		주홍
	소악도	30		주홍
병풍도	병풍	103	150	주홍

선도	1구	234	419	밝은 노랑
	2구	56		밝은 노랑
	3구	59		밝은 노랑
	4구	64		밝은 노랑
우이도	진리	120	108	코발트블루
	돈목	95	215	빨강
	성촌	37		코발트블루
	서소우이	52		코발트블루
	동소우이	28		코발트블루
임자도	회산1구	24	34	빨강
	회산2구	22	34	빨강
비금도	용소	115	260	코발트블루
	죽치	71	220	코발트블루
	읍동	110	398	코발트블루
도초도	지남	16	24	코발트블루
	지북	36	50	코발트블루
	지동	35	50	코발트블루
	나박포	105	208	코발트블루
	신교	58	186	코발트블루
흑산도	장도	49	150	주황
	만재도	21	37	코발트블루
	읍동	94	167	코발트블루
	예리	285	614	코발트블루
신의도	동면	91	182	코발트블루
압해도	월포	182	380	코발트블루
자은도	둔장	59	173	코발트블루
총 계		2,520	4,595	

신안군과 주민들이 협의해서 결정한 각 지구별 주요 색상은 퍼플, 코발트블루, 밝은 노랑, 주홍이었다. 신안군이 컬러 마케팅 활동을 적극적으로 전개한 이유는 관광객을 유치하고 관광 자원을 확보하는 동시에 각 섬의 특성에 알맞게 지구별로 개성을 표현하기 위해서였다. 이 과정에서 주거 환경도 자연스럽게 개선됐다. '가고 싶은 섬 가꾸기 사업'에서 지붕 채색이 완료된 현황은 〈표 1-1〉과 같고, 지붕 채색의 구체적인 사례는 [그림 1-18]부터 [그림 1-22]에서 확인할 수 있다.

각 지구별로 진행된 컬러 마케팅의 사례는 흥미롭다. 예컨대, 지도읍 선도 마을의 지붕은 밝은 노랑으로 칠했다. 지도읍의 선도는 160여 가구에 약 270여 명이 거주하고 있는데, 퇴직 후 선도로 이사한 현복순 할머니가 10여 년 전부터 10여 종의 수선화를 앞마당에 키우면서부터 선도는 '수선화의 섬'이라는 별칭을 얻었다. 2019년 3월에는 12.3ha의 면적이라는 전국 최대 규모에 27개의 주 품종과 100여 종의 세계 품종을 심어 섬 수선화 축제를 개최했다. 이런 이력을 바탕으로 선도 마을에서는 2020년 12월에 수선화의 색인 밝은 노랑으로 지붕 채색을 완료했다. 그리고 우이도의 여러 마을에서는 김환기 화백의 그림에 많이 사용된 바다 색깔인 코발트블루로 지붕을 채색했다.

그리고 신안군은 컬러 마케팅 활동을 '농산물 가공 분야'로까지 확대해 '컬러 식혜' 같은 상품을 속속 출시하고 있다. 신안군농산물가공센터에서는 신안에서 생산되는 고품질 쌀로 만든 '퍼플식혜'와 '노랑식혜'를 2022년 7월에 출시했다. 신안군농산물가공센터에서 출시한 컬러 식혜는 자색고구마를 활용해 만든 '퍼플식혜'와 단

[그림 1-18] 순례자의 섬 기점 · 소악도, 「대기점도」 마을 지붕의 주홍빛 채색

[그림 1-19] 순례자의 섬 기점 · 소악도, 「소기점도」 마을 지붕의 주홍빛 채색

[그림 1-20] 백서향의 섬 우이도, 「진리」마을 지붕의 코발트블루 채색

[그림 1-21] 백서향의 섬 우이도, 「돈목」마을 지붕의 빨강 채색

[그림 1-22] 수선화의 섬 선도, 「선도」 마을 지붕의 밝은 노랑 채색

[그림 1-23] 신안군농산물가공센터의 '퍼플식혜'와 '노랑식혜'

호박을 넣은 '노랑식혜' 두 종류다. 컬러 식혜 2종은 HACCP 인증과
자체적인 품질 검사도 완료했다.

퍼플식혜는 퍼플섬의 상징인 보랏빛에 전통의 맛을 그대로 살린
식혜이고, 노랑식혜는 지도읍 선도 마을의 지붕 색깔인 밝은 노랑
처럼 단호박에 수선화가 만개한 색상을 적용했다. 신안군농산물가
공센터에서는 이 식혜들을 신안을 대표하는 관광지인 퍼플섬, 순
례자의 섬 병풍도, 오도에 먼저 납품하고, 차츰 온라인 쇼핑몰과 일
반 상점에서 유통한다는 계획을 세웠다. 소규모 가공업인 인큐베
이팅의 성격이 강하기 때문에 컬러 마케팅 활동에 관심 있는 신안
군민이라면 누구나 시도할 수 있다.

5. 퍼플섬 컬러 마케팅의 의의

관광지라 말할 수 없던 평범한 섬이 보랏빛으로 물들자 퍼플섬
은 많은 관광객이 찾는 명소로 떠올라 국내외의 주목을 받았다. 퍼
플섬이 사진 촬영하기에도 적합한 명소라며 입소문을 내는 방문객
도 늘어났다. 평범한 섬에서 유명 관광지로 탈바꿈한 퍼플섬이 있
기까지 신안군청의 컬러 마케팅 기획력과 섬 주민들의 적극적인
참여의식이 결정적인 영향을 미쳤다. 따라서 퍼플섬은 장소 마케
팅에서 컬러에 집중해 성공한 대표적인 사례라고 할 수 있다.

컬러 마케팅에서는 색깔을 핵심 메시지로 활용해 마케팅 활동을
전개한다. 관광상품의 기능과 품질이 비슷해진 상황에서 사람들은
관광상품 특유의 감성에 관심을 기울인다. 컬러 마케팅에서는 어

떤 지역의 감성을 팔기 때문에 인상을 형성하는 시각 이미지가 중요하다. 지금까지 여러 지방자치단체에서 컬러 마케팅의 중요성을 강조했지만, 이를 장소 마케팅에 연결해 제대로 실행한 곳은 퍼플섬이 거의 유일하지 않을까 싶다. 어떤 곳이 주목받는 장소가 되려면 방문가치(visitability), 주거가치(livability), 투자가치(investability)가 있어야 한다. 셋 중에서도 방문가치가 가장 중요한데, 퍼플섬은 이미 방문가치를 확보했다.

앞으로도 신안군과 주민들은 퍼플섬에 대한 컬러 마케팅 활동을 보다 체계적으로 전개해야 한다. 퍼플섬의 컬러 마케팅 활동에서는 반월도와 박지도의 생태적 특성을 주변 환경과 조화시켜 가 보고 싶은 방문가치를 높여 가는 전략을 수립해야 한다. 퍼플섬은 다른 지역과 차별화시키기 위해 보랏빛 색채를 선정했기에[14] 섬과 바다와 하늘은 물론 퍼플교나 보랏빛 지붕 같은 경관 요소를 고려하되, 명도와 채도를 더 분명히 살리는 쪽으로 컬러 마케팅 활동을 전개해야 한다.

앞으로 퍼플섬의 비전은 관광을 통해 섬을 부활시키는 데 있다. 신안군의 정책과 전략 및 실천 방안은 [그림 1-24]에서 확인할 수 있다. 관광 개발이 아무리 필요하더라도 생태계 보호 문제를 외면하고 앞서가면 안 된다. 주민들과 방문객들은 이런 인식을 공유하며 생태 환경을 가꾸고 보전하려고 노력해야 한다. 주요 소득원인 낙지잡이를 유지하기 위해 금어기(매년 6. 21.~ 7. 20.)를 지정하고, 어린 낙지를 보호하기 위한 '낙지 유치원'을 설치한 것이 좋은 사례다. 관광객들이 다소 불편해 할지라도 탄소 제로 관광과 그린 관광에 필요한 프로그램도 도입해야 한다. 그리고 퍼플섬에는 섬의 독

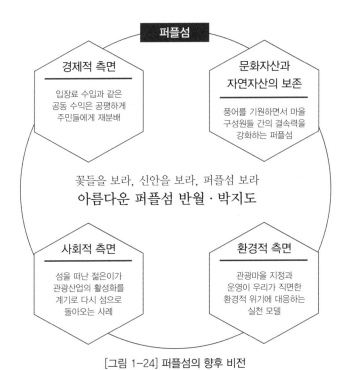

경제적 측면
입장료 수입과 같은
공동 수익은 공평하게
주민들에게 재분배

문화자산과
자연자산의 보존
풍어를 기원하면서 마을
구성원들 간의 결속력을
강화하는 퍼플섬

퍼플섬

꽃들을 보라, 신안을 보라, 퍼플섬 보라
아름다운 퍼플섬 반월 · 박지도

사회적 측면
섬을 떠난 젊은이가
관광산업의 활성화를
계기로 다시 섬으로
돌아오는 사례

환경적 측면
관광마을 지정과
운영이 우리가 직면한
환경적 위기에 대응하는
실천 모델

[그림 1-24] 퍼플섬의 향후 비전

특한 특성이 반영된 당제 같은 공동체 문화가 있는데, 전통문화를 강화하고 복원하는 데에도 힘써야 한다.

나아가 이웃들과 행복하게 어울리는 '이웃 문화'를 살려 가겠다는 퍼플섬의 아름다운 생활 문화도 정립해야 한다. 공적 재원이 투입된 관광 프로그램을 운영할 경우, 섬 주민이나 외지의 개인에게 운영을 맡기지 말고 섬 주민들이 공통으로 참여하는 조직에 위탁해야 한다. 이를 위해 신안군에서는 퍼플섬의 운영에 관련된 조례를 2020년에 제정해 관광산업에 직접 종사하지 않는 소외 계층에게도 관광 수입이 적절히 배분되도록 제도적 장치를 마련했다.

최우수 관광마을의 성패는 주민들의 지지와 참여에 달려 있다.

신안군은 각 마을의 주민들과 관광 관련 의제를 공동으로 찾아내어 주민들이 참여할 방안을 마련해야 한다. 예컨대, 마을 식당에서 요리하기, 마을 카페에서 바리스타로 일하기, 마을을 돌아보는 전기 자동차 운전하기, 보랏빛 정원을 곳곳에 조성하기 같은 일자리 창출이 주민들에게 필요하다. 신안군은 신안의 문화자산과 자연자산을 보존하고, 관광의 3요소(경제, 사회, 환경)를 활성화하기 위해 현실적으로 유용한 정책과 전략 및 실천 방안도 모색해야 한다. 앞으로 신안군의 컬러 마케팅 활동에서 다음과 같은 네 가지 측면을 고려한다면[15] 기대 이상의 성과를 나타낼 것이다.

첫째, 문화자산과 자연자산의 보존이 중요하다. 문화자산의 보존은 망각한 문화를 복원하는 차원에서 접근해야 한다. 주민들이 고령화되자 마을의 당제가 사라졌지만, 새로운 젊은 인구가 유입되면 전통문화를 복원할 동력이 생긴다. 풍어를 기원하며 공동체의 결속을 강화하던 퍼플섬 고유의 의식도 복원하고, 자연자산을 보존하기 위해 무분별한 개발도 지양해야 한다. 관광객들에게 자동차가 아닌 자전거 관광이나 도보 관광을 권유하는 방안도 검토해야 한다. 갯벌을 보호하기 위해 갯벌은 최소한의 생계에 필요한 경우에만 활용하도록 제한해야 하며, 금어기를 설정하거나 치어를 보호하는 활동도 전개해야 한다.

둘째, 경제적 측면도 중요하다. 1차 산업에 대한 의존도가 높은 퍼플섬에 관광 같은 3차 산업이 접목되지 않을 경우에는 주민들이 경제적으로 빈곤해지거나 지역 소멸의 위기에 직면할 수 있다. 따라서 퍼플섬에 있는 천혜의 생태 자원을 활용하고 지역 주민이 주도하는 관광 활성화 사업을 추진해 장기적으로 고부가 가치를 창출해야 한다. 지역 주민들이 다양한 관광산업에 종사해 경제적 혜택을 얻게 해야 하고, 입장료 수입을 비롯해 공동의 수익을 주민에게 공평하게 재분배해 모든 주민의 삶의 질을 높여 가야 한다.

셋째, 사회적 측면도 중요하다. 현재 퍼플섬이 직면하고 있는 지방 소멸이나 인구 절벽 같은 현상을 극복할 수 있는 대안도 시급히 마련해야 한다. 예컨대, 다른 지역에서 신안군으로 이주하는 귀농 귀촌 인구를 적극적으로 수용함으로써 지방 소멸이나 인구 절벽 같은 현안을 풀어 갈 수 있다. 신안군을 떠났던 젊은이들이 관광산업의 활성화를 계기로 다시 고향으로 돌아오게 하는 발판도 마련해야 한다. 나아가 신안군의 관광 관련 산업에 흥미를 느껴 신안군으로 이주하고 싶어 하는 사람들을 우선적으로 지원하는 정책도 적극 추진해야 한다. 이런 과정을 거치면 퍼플섬의 사회적 자산도 커지게 된다.

넷째, 환경적 측면도 중요하다. 신안군의 자연 생태와 고유문화가 적절하게 어우러진 상태에서 퍼플섬에 활력을 불어넣는다면 퍼플섬의 가치가 미래에도 빛나게 될 것이다. 퍼플섬 전체를 관광 마을로 지정해 지속가능한 마을로 발전시킨다면 국내외의 관광객들이 퍼플섬에 더 많이 찾아올 것이다. 신안군에서 퍼플섬의 환경 보호 문제에 각별히 신경 써야 하는 이유다. 나중에 가서는 차량을 이용한 섬 방문을 자제하자는 환경보호 캠페인을 전개할 필요가 있다. 그리고 쓰레기 투기를 방지하고 생태 환경을 보호하기 위한 제도적 장치도 마련해야 한다.

퍼플섬이 '보라해'라는 상징성을 계속 유지해 나간다면 앞으로 퍼플섬의 비전을 충분히 달성할 수 있다. 한류 콘텐츠의 대표 주자인 방탄소년단(BTS)의 뷔는 "보라해"라고 말했다. "사랑해"라는 의미로, 일곱 색깔 무지개의 마지막 색인 보라색처럼 끝까지 함께 사랑하자는 뜻을 담았다. 보랏빛 컬러 자산을 바탕으로 앞으로 퍼플섬을 세 가지 가치를 지닌 섬으로 만들어 가는 컬러 마케팅 활동을 전개해야 한다.

첫째, 힐링의 섬으로, 가고 싶은 섬으로 만들어야 한다. 과거의 퍼플섬은 관광객의 발길이 닿지 않은 평범한 섬마을이었다. 그러나 컬러 마케팅 활동을 전개한 이후부터 천혜의 자연 경관과 보랏빛 향연을 만끽하려고 관광객들이 찾는 섬으로 다시 태어났다. 앞으로 신안군은 퍼플섬 방문객들에게 독특하고 다양한 경험을 제공함으로써 퍼플섬을 다시 찾고 싶은 힐링의 섬으로 만들어 가야 한다.

둘째, 복원의 섬으로, 다시 돌아오는 섬으로 만들어야 한다. 퍼플섬에는 인구 감소와 노령화가 급격히 진행되고 있다. 그러나 관광 사업과 컬러 마케팅을 전개한 다음부터는 퍼플섬에 다양한 일자리가 생겼다. 일자리를 찾아 대도시로 떠났던 출향 인사들이 고향에서 새로운 일을 하려고 다시 돌아오는 사례도 늘어났다. 떠났던 출향 청년들이 돌아오고, 외지의 창의적인 젊은이들이 새로운 삶을 위해 퍼플섬으로 돌아오도록 신안군은 '회귀' 프로그램을 적극적으로 가동해야 한다.

셋째, 보존의 섬으로, 부활하는 섬을 만들어야 한다. 지금 퍼플섬에는 주민의 노령화가 진행되는 와중에 방치된 자연유산과 문화유산이 많다. 예를 들어, 풍어를 기원하는 당제, 풍년을 기원하는 불싸움, 1000년의 사랑을 염원하는 중노두길의 이야기가 대표적이다. 앞으로 신안군은 퍼플섬의 자연유산과 문화유산을 복구하는

데 정책적 지원을 아끼지 말아야 한다. 그렇게 해야 자연유산을 보존하고 문화유산을 재현할 수 있으니, 섬 문화를 부활하기 위해 모두가 노력해야 한다.

　흥미진진한 이야기는 주목할 만한 가치가 있다. 누런 소, 얼룩소, 검은 소가 있는 목장에 멀리서 보랏빛 소가 걸어온다면 돋보일 수밖에 없다. 초원에 누런 소나 하얀 소가 아닌 보랏빛 소가 나타난다면 정말로 주목할 수밖에 없다. 세스 고딘은 이런 광경을 상상하며『보랏빛 소가 온다』라는 책을 썼다. 까마귀 떼가 우글거리는 들판에 한 마리 백조가 걷고 있다면 우아한 자태가 더 빛날 것이다. 보랏빛 소는 컬러 마케팅에서의 창의적인 발상을 상징한다.

　퍼플섬도 마찬가지다. 지금까지 신안군은 어디에 내놔도 손색이 없을 정도로 컬러 마케팅 활동을 전개해 왔다. 관광객들 사이에서도 숱한 이야기가 만들어졌다. 좋은 스토리를 만들어 낸다면 이야기 자체가 곧 상품이다. 퍼플섬에 다녀온 사람들은 인스타그램이나 페이스북에 여행 후기를 많이 올린다. 퍼플섬 입구에서 바다에 펼쳐진 퍼플교를 바라보는 것만으로도 행복감이 몰려 왔다는 내용이 많다. 그러니 퍼플섬은 분명 보랏빛 소처럼 주목할 만한(remarkable) 여행지라고 할 수 있다. 그곳에 가면 보랏빛 소가 오듯 보랏빛 섬이 다가올 것이다. 호모 비아토르(homo viator, 여행하는 사람)여! 퍼플섬으로 떠나자.

제2장

꽃과 나무로 지역을 재생하는 그린 마케팅

김병희(서원대학교 광고홍보학과 교수)
홍경수(아주대학교 문화콘텐츠학과 교수)

디지털 시대에 접어들어 그린 마케팅 활동이 더더욱 중요해지고 있다. '그린'이란 말은 '친환경적'이고 '비인공적'이란 뜻을 내포하지만, 현실에서 그린이 구체적으로 무엇을 의미하는지에 대해 다양한 논의가 전개되고 있다. 그린 마케팅에서는 지구 환경을 지키고 자연 친화적인 삶을 살아가는 것을 목표로 한다. 꽃 축제는 항상 사람들에게 큰 인기다. 도대체 꽃은 어떻게 사람들을 끌어들일까? 신안군이 시도한 '플로피아(Flower+Utopia)' 프로젝트는 섬에 특화된 꽃을 심어 사람들을 모이게 하려는 시도다.

2006년부터 시작된 플로피아 프로젝트는 신안군이 시도하는 그린 마케팅의 기초가 됐다. 꽃은 그 자체로 완성된 아름다운 자연미를 가지고 있다. 따라서 꽃은 어느 것이나 아름답고 세련된 조형미가 느껴진다. 조형미뿐만 아니라 꽃에는 현혹하는 색깔과 독특한 향기를 품고 있으며, 녹색 줄기와 잎은 시원한 자연감을 선사하기도 한다. 특히 한 종류의 꽃이 넓은 들판을 채우고 있을 때는 큰 규모가 주는 숭고미까지 더해진다. 이 장에서는 예술섬과 컬러섬의 모태가 되는 신안군의 꽃섬 프로젝트를 그린 마케팅의 차원에서 살펴본다.

1. 그린 마케팅의 개념

1972년, 스톡홀름에서는 '하나뿐인 지구'라는 주제로 세계환경
대회가 열렸다. 그때 발표한 선언문의 핵심 내용은 이렇다. "인간
은 생명의 존엄과 복지가 허용되는 쾌적한 환경에서 자유와 평등,
그리고 생활을 윤택하게 할 권리를 갖는다." 이런 과정을 거쳐 기
업은 환경보호에 대한 사회적 책무를 다해야 한다는 인식이 확산
되기에 이르렀다. 이윤을 추구하는 기업의 입장에서는 처음에는
환경보호 쟁점에 원칙적으로는 동의하면서도 대립적 요소가 있다
고 판단했다.

그러나 기업은 이제 근시안적 시각에서 이윤 추구만을 위해 존
재한다면 생존이 불가능한 시대가 됐다. 사회 공동체의 일원으로
서 사회적 책무를 다하지 않거나 환경 문제를 도외시한 기업은 이
제 성장을 기대하기 어렵게 됐다. 그린 마케팅(green marketing)이
등장한 사회문화적 배경에는 산업사회의 가속화로 인해 사람들이
물질적 풍요를 누리게 됐지만 환경오염을 불러일으킨 문제가 자리
하고 있다. 기업에서 그린 마케팅에 주목하기 시작한 것은 소비자
들 사이에 파급된 환경 보존 의식 때문이었다.

삶의 질에 관심을 가진 소비자들은 환경 문제에 대해 깊은 관심
을 갖고 기업의 활동을 감시하기 시작했다. 지구촌은 산업화와 도
시화로 인해 급속히 황폐화되고 있다. 기업 내부에서도 공공의 이
익을 무시하고 이익만 추구하는 관리적 마케팅에 대한 반성이 일
어났다. 환경 중심주의와 소비자 중심주의가 부각되자 기업에서도

기존의 마케팅 방향을 수정하기 시작했다. 기업 마케팅의 활동 방향도 소비자 위주의 전통적 관점에서 친환경 위주의 사회생태학적 관점으로 바뀌었다.

　기업에서도 지속가능한 개발을 중시하게 됐다. 마케팅 분야에서는 1970년대부터 마케팅과 생태학적 위기에 대한 논의가 이루어져 왔는데, 생태학과 환경 및 그린 마케팅에 주된 관심을 나타냈다. 대부분의 연구에서는 자원 재활용, 공해, 에너지 보존 같은 환경적 주제나 행동에 대하여 차별적인 관심을 나타내는 소비자들의 특징을 밝혔다. 유럽을 비롯한 여러 나라에서는 그린 소비자의 요구를 만족시키는 상품이 아니면 상품이 판매되지 않아 기업들은 그린 마케팅 활동을 강화했다. 이익 증대에만 관심을 가진다면 부도덕하며 기업 시민정신(corporate citizenship)이 부각된 현실에서, 기업의 사회적 책임이 더욱 강조됐다. 기존 마케팅과 그린 마케팅의 개념

〈표 2-1〉 기존 마케팅과 그린 마케팅의 비교

	기존 마케팅	그린 마케팅
이념	소비자 및 기업 이익의 양립(경제학적 균형 이념)	사회, 생활자, 기업 이익의 3자 양립(사회생태학적 균형 이념)
가치관	• 물질적 풍요로 생활 수준의 고도화(경제 성장 지향적 가치관) • 기업, 이윤, 매출액, 시장점유율, 비용 등 경제적 요인 중시(극대화 원리의 가치관)	• 사회적 이익 제공으로 '삶의 질' 향상(사회 복지 지향적 가치관) • 공동체 이익, 복지, 환경 보전, 생활의 질 등 사회생태학적 요인 중시(만족 최적화 원리의 가치관)
특징	기업 시스템에서 파악하는 마케팅	사회 시스템에서 파악하는 마케팅

출처: 여훈구(1995). 『그린 마케팅』. 서울: 안그라픽스.

차이는 〈표 2-1〉에 제시했다.

그린 마케팅이란 환경 보전에 관련된 기업의 제반 마케팅 활동으로, 기업의 사회적 책임이 강조된 마케팅 전략이자 생활의 질을 향상시키고자 하는 인간 존중의 마케팅 활동이다. 기업의 사회적 책임이 중요해진 환경에서 기업은 전략적 차원에서도 환경 변화에 적합한 여러 조건을 수용해야 한다. 기존의 마케팅 개념은 고객에게 만족을 줄 수 있는 제품과 서비스를 제공하는 기업 활동에 국한됐지만, 그린 마케팅 개념이 등장하면서부터 기업 활동에서 사회적 책임이 무엇보다 중요해졌다.

그린 마케팅이 시작되기 전까지는 기업의 존재 이유가 제품 개발에서부터 가격 결정, 유통, 촉진에 이르기까지 최소의 비용으로 이윤을 극대화시키는 데 있었다. 그러나 1980년대 후반부터 기업에서는 소비자를 단순한 제품 구매자가 아닌 배려의 대상으로 고려하기 시작했다. 그린 마케팅 활동에서는 소비자의 욕구에 부합하는 상품과 서비스를 판매하고 사회생태학적 균형과 인간 복지를 지향해야 한다는 각성도 일어났다. 즉, 그린 마케팅은 '소비자 중심주의'를 확산하는 데 결정적인 영향을 미쳤다.

2. 그린 마케팅의 구조와 영역

그린 마케팅의 구조는 무엇일까? 그린 마케팅의 개념을 기업의 영리 차원에서 환경 보존이나 재활용 같은 협의의 분야로 인식할 필요는 없다. 마케팅의 기능과 목표를 인간의 삶의 질을 향상시키기 위한 광의의 개념으로 그린 마케팅을 인식해야 한다. 인간의 삶의 질을 높이는 데 기업이 사회적 책임을 다하는 것이 그린 마케팅의 지향점이다. 그린 마케팅은 인간과 사회의 상호 의존에 초점을 맞춘다는 점에서 사회에 필요한 활동을 당연히 해야 하는 당위적 마케팅의 성격을 지니게 마련이다. 따라서 그린 마케팅은 소비자, 기업, 정부 같은 이해관계자들이 모여 구조를 형성하며 각 주체들이 서로 영향을 주고받는다. 이해관계자들의 영향 관계는 다음과 같다.

첫째, 소비자의 안전 욕구는 환경 운동에 참여하는 동기로 작용한다. 소비자들은 환경보호를 경시하는 기업의 제품에 대해 불매 운동을 전개하기도 하고 정부의 환경 정책에 대해서도 영향력을 행사할 수 있다. 둘째, 기업은 소비자의 요구를 도외시하기 어려우며 때로는 압력을 느끼기도 한다. 환경 문제를 고려하지 않는 기업은 정부의 규제나 소비자의 압력에 따라 경쟁 환경에서 도태될 수도 있다. 셋째, 정부는 국민의 복지를 위하여 기업과 소비자에 대해 권고하고 규제할 수 있다. 정부는 소비자에게 소비품의 재활용을 촉구할 수도 있고, 정부는 행정 규제 등을 통해 기업에게 정부의 환경 정책을 따르라며 강제할 수도 있다.

그린 마케팅은 최근의 기업 경영에서 화두로 떠오른 ESG 경영의 하나인 환경보호(E) 문제와 깊이 관련된다. ESG란 기업의 비재무적 요소인 환경보호(Environment)와 사회공헌(Social) 및 거버넌스(Governance, 윤리 경영 혹은 지배 구조 개선)를 실천해야 기업의 지속가능한 성장이 가능하다는 경영 철학이다. 따라서 기업에서는 ESG 철학을 정착하기 위해 조직을 신설하고, 전략을 수립하고, 실행 계획을 마련해 기업의 지속가능한 가치를 창출하는 방안을 모색하고 있다.

기업 경영의 가치 지향과 관련해 그동안 기업의 사회적 책임(Corporate Social Responsibility: CSR), 공유 가치 창출(Creating Shared Value: CSV), ESG 같은 용어가 전문가들 사이에서 혼용돼 왔다. 기업의 사회적 책임이나 공유 가치 창출에 비해 최근에 등장한 ESG는 기업 경영과 재무 활동에 있어 환경보호, 사회 공헌, 지배 구조 요소를 연동해 재무적 안전성을 모색하려는 관점이다. 기업의 지속가능성에 대한 신뢰 여부가 관건이므로 지속가능성을 가늠할 수 있는 비재무적 지표를 중시한다. 결국 ESG의 핵심은 지속가능한 투자가치와 사회적 가치라고 할 수 있다. 기업들은 ESG 활동을 강화하고 사회적 실천 과제에 대한 성과를 나타내기 위해 노력하고 있다. 블룸버그가 기업 평가에 활용하고 있는 ESG 평가 항목에서 환경보호(E)와 관련된 정책 분야는 에너지 효율, 친환경, 지속가능한 물질 사용, 기후 변화 대응, 생물 다양성, 친환경 상품 개발 등이다.

나아가 환경 파괴로 인해 인류의 발전이 한계에 봉착할 수 있다는 반성이 국제기구를 중심으로 논의되면서 지속가능발전(sustainable development)이란 개념도 제시됐다. 1987년 세계환경개발위원회(WCED)에서 발표한 '우리 공동의 미래(Our Common Future)' 보고서에서 지속가능발전에 대한 개념을 공식적으로 정의했다. 그 보고서에서는 "미래 세대의 필요를 충족시킬 역량을 훼손하지 않으면서 현 세대의 필요도 충족시키는 발전"이 지속가능한 발전이라고 정의했다. 최근에는 경제 발전, 사회 통합, 환경의 지속가능성을 고려한 발전으로 그 의미가 확장됐다.

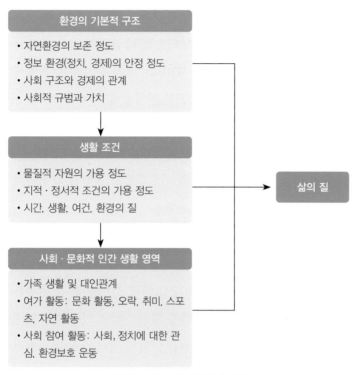

[그림 2-1] 그린 마케팅의 영역

2015년 9월 유엔총회에서는 '세계의 변혁: 지속가능성을 위한 2030 의제(Transforming Our World: The 2030 Agenda for Sustainable Development)' 결의문을 채택했다. 이 문서에는 전 세계가 인류의 지속가능한 발전을 위해 2030년까지 공동으로 달성하기로 합의한 17개 목표와 169개 세부 목표가 담겨 있다. 여기에서 지속가능 비전목표(Sustainable Development Goals: SDGs)란 전 세계가 인류의 지속가능한 발전을 위해 2030년까지 공동 달성하기로 유엔총회(2015.9)에서 합의한 17개 정책 목표로, "어느 누구도 뒤처지지 않는다(Leaving no one behind)"는 포용성이 목표 달성의 핵심이다.

모든 지구인에게 직면한 빈곤, 불평등, 기후 위기, 폭력 같은 문제가 특정 집단이나 국가만의 노력으로 해결되지 않고 관련 문제에 공동 대응할 필요가 있기에 SDGs는 더욱 중요해질 수밖에 없다. 유엔은 2017년 3월에 232개 지표를 개발했고, 같은 해 7월 유엔 총회에서 채택됐다. 2020년에는 36개 지표를 변경해 2022년 현재 231개 지표 체계로 운영한다. 유엔은 지표별로 국제기구를 담당자로 지정해 지표 방법론 개발과 데이터 수집의 역할을 부여하고 국가별로 SDGs 데이터 국가 책임 기관을 지정했다. 우리나라도 통계청의 통계개발원이 '유엔 SDGs 데이터 국가 책임 기관'으로 지정돼, 관계 부처와 협력해 국내 24개 지표 관련 데이터를 제공한다.

물질만능주의에 기반을 둔 현대의 대량 소비는 환경 문제를 야기했으며, 결과적으로 생활의 질을 떨어트리고 인류 생존의 문제를 환기했다. 그린 마케팅의 개념을 기업의 영리 추구 차원에서 환경 보전이나 재활용 같은 협의의 개념으로 인식하지 않고, 인간의 '삶의 질'을 향상시키기 위한 광의의 개념으로 인식한다면 그린 마케팅의 영역을 [그림 2-1]처럼 제시할 수 있다.[1] 그린 마케팅의 영역은 환경의 기본적 구조, 생활 조건, 사회·문화적 인간 생활 영역 모두를 포함한다. 그린 마케팅은 기업 활동에 대한 사회적 책임감을 강조한다는 점에서 기존의 마케팅 개념과 구분해야 한다.

3. 꽃과 나무를 활용한 그린 마케팅과 그린 소비자

그린 마케팅을 구체적인 메시지로 표현해 사람들의 행동을 촉구하는 것이 그린 광고다. 자연에 대한 인간의 태도를 가로축(인간 중심 대 생태 중심)으로 삼고, 정치적 관점을 세로축(개혁주의 대 급진주의)으로 삼아 그린 광고를 구분할 수 있는데, 이렇게 구분해 보면 그린 광고의 목적에 차이가 있다.[2] 킬번(Kilbourne)은 자연에 대한 인간의 태도와 정치적 관점의 함수 관계에 따라 환경주의, 보호주의, 인간복지생태학, 보존주의, 생태주의 같은 다섯 가지 유형의 그린 광고가 존재한다고 주장했다.[3]

　신안군의 그린 마케팅은 환경주의에서 생태주의에 이르기까지 다양한 수준에서 이루어지고 있다. 지방자치단체의 ESG 경영과 관련하여 신안군은 팽나무 10리길과 생태복원숲을 조성함으로써 탄소 중립에 앞장서고 있다. 정부에서 기후 변화로 인한 국내 피해를 최소화하고 기후 위기에 적극적으로 대응하기 위해 '2050 탄소 중립 선언'과 '2050 시나리오 수립'을 추진하고 있는 가운데 신안군은 탄소 중립 문제를 해결하려고 노력하고 있다. 신안군은 최근 기후 위기 극복 방안으로 산림 흡수원의 흡수 능력을 강화하기 위해 미세먼지 차단숲, 팽나무 10리길, 생활권숲, 생태복원숲을 조성했다. 예컨대, [그림 2-2]에 제시한 신안군 도초도의 팽나무 10리길의 아름다움을 보라! 신안군은 지역 기후와 생육 환경에 맞는 수목 자원을 전국적으로 파악하고 조경적 가치가 있는 기증목을 활용해 적절한 시기에 대량의 수목을 식재한다. 신안군 관계자는 "탄소 중립 상쇄를 위한 도시숲 조성뿐만 아니라 해양 생태계 보호를 위한 탄소 흡수원을 확충하는 등 신안군만의 특색 있는 숲을 조성해 기후 위기 대응에 적극 동참하고, 산림의 경제적·생태적 가치 증진을 위해 힘쓰겠다."고 밝혔다.[4]

기업의 그린 마케팅과 그린 광고는 환경 오염을 방지하기 위한 제품 생산과 판매를 위해 시도하지만, 기업이 아닌 지방자치단체에서는 꽃과 나무를 활용해 지역의 환경을 보호하고 지역의 낙후된 환경을 재생하기 위해 시도하는 경우가 많다. 예컨대, 일본의 홋카이도(北海道)를 방문하면 다양한 꽃을 즐길 수 있다. 매년 여름이면 많은 관광객이 일본 최북단에 위치한 이 섬의 아름다운 꽃밭, 특히 라벤더 밭을 보기 위해 몰려든다. 홋카이도 지역에서는 세계 어디에서도 볼 수 없는 꽃밭을 볼 수 있다. 홋카이도에서 꽃을 볼 수

[그림 2-2] 신안군 도초도의 팽나무 10리길

있는 명소 10곳은 라벤더 꽃으로 유명한 팜 토미타(Farm Tomita), 매년 봄에 벚꽃 백만 송이가 피어나는 모코토산 북쪽에 있는 시바자쿠라(Shibazakura) 공원, 홋카이도에서 가장 유명한 튤립 명소인 가미유베츠(Kamiyubetsu) 튤립 공원, 15ha에 달하는 정원에서 개화기에 맞춰 일 년 내내 꽃이 피는 시키사이노오카(Shikisai no Oka) 정원, 200만 그루의 해바라기 사이를 거닐며 즐길 수 있는 호쿠류(Hokuryu) 해바라기 마을이 대표적이다.[5]

　신안군의 경우에는 사계절 내내 꽃이 피는 플로피아[FLOPIA, 꽃의 플라워(flower) + 이상향의 유토피아(utopia)] 섬 조성 사업을 추진해 왔다. 신안군은 선도의 수선화 축제를 비롯해 신안군의 여러 섬을 플로피아 섬으로 조성하기 위해 매년 100억 원 이상을 투입할 계획이다. 신안군의 여러 섬에서는 각종 꽃과 나무 축제도 개최하고 있다. 선도의 수선화 축제, 지도의 유채꽃 축제, 임자도의 홍매화 정원 축제와 신안튤립축제, 압해도의 애기동백꽃축제를 개최한다. 전국 최초의 슬로시티인 증도에는 태산목과 돈나무 같은 향기나는 나무, 자은도에는 목련, 안좌도에는 김환기 화백을 추억하게 하는 멀구슬나무, 반월·박지도에는 보랏빛 라일락 군락지를 계속 조성한다. 하의도에는 인동굴 정원을, 비금도에는 해당화 등 빨강 꽃 정원을, 도초도에는 수국 정원을, 압해도에는 세계동백공원을, 장산도에는 은목서 등 화이트 정원을 조성한다.

　신안군의 플로피아 그린 마케팅과 관련하여 2022년 2월 19일에 착공해 공사를 시작한 '방식예술원 신안캠퍼스'는 꽃장식 전문 교육기관이 신안군 압해읍에 들어선다는 점에서 의미가 크다. 방식예술원 신안캠퍼스는 압해읍 대천리 2만 4193㎡의 부지에 민간

자본 43억 원을 투입해 2023년에 준공된다. 방식예술원장은 지난 1972년부터 현재까지 50여 년 동안 꽃과 자연을 소재로 아름다움을 표현해 온 꽃장식 예술가로서 독일이 인정한 정원 명장이자 동양인 최초의 마이스터 플로리스트로 명성이 높다. 88서울올림픽 때 개·폐회식의 꽃 장식을 담당하기도 했던 방 원장은 신안군의 플로피아 정책에 알맞게 방식예술원 신안캠퍼스를 꽃 예술 전문가의 산실로 만들겠다는 의지를 표명했다. 방식예술원 신안캠퍼스에는 국내외 꽃장식 전문가를 양성하기 위한 교육실, 작업실, 식물원, 관리동이 조성된다.

그리고 신안군은 국민체육진흥공단의 지원을 바탕으로 플로피아와 스포츠 이벤트를 연계한 지역 특화 산업을 전개한다. 신안군의 지역 특화 스포츠 관광산업의 조감도는 [그림 2-3]과 같다. 지역 특

[그림 2-3] 신안군의 지역 특화 스포츠 관광산업 조감도

화 스포츠 관광산업 육성 사업은 지역의 핵심 관광 자원과 레저 스포츠를 연계해 신규 스포츠 관광 프로그램을 개발하고 지역발전을 모색하는 사업이다. 신안군은 사계절 꽃피는 플로피아, 1도 1뮤지엄 시책과 연계한 '플로피아 스포츠 축제'를 주요 콘셉트로 설정하고, 비금·도초권의 사이클 그란폰도(비경쟁 방식의 동호인 대회), 중부권의 배드민턴 리그, 자은도의 해양 레저 스포츠 축제, 임자도의 해변 승마 축제, 안좌도의 퍼플섬 힐링 걷기 프로그램을 도입했다.

　그린 마케팅에 대한 활발한 논의와 함께 그린 소비와 그린 소비자란 용어도 자주 쓰이고 있다. 그린 소비란 환경 친화적 상품이나 환경보호에 앞장서는 기업에서 생산한 상품을 선호하고, 환경의 성과를 개선하는 제품을 구매할 의사를 가진 소비 행태다. 환경 친화적 소비자와 유사한 그린 소비자는 환경에 미치는 부정적 영향이 비교적 적은 상품을 적극적으로 선호하는 사람들이다. 그린 소비자들은 꽃과 나무를 활용한 신안군의 플로피아 그린 마케팅에 더 깊은 관심을 가질 가능성이 높다. 환경보호를 소비 행동의 기준으로 삼고 환경 문제를 고려한 소비 생활을 지향하기 때문이다.

　그린 소비자의 행동적 특성은 소비자들의 개인적 성향에 따라 크게 달라진다. 그러나 그린 소비자들의 보편적 성향은 환경 정보를 필요로 하고, 일반 소비자들과의 차별화를 지향하고, 기존의 생활 양식이 유지될 수 있기를 바란다는 특성이 있다. 〈표 2-2〉에서 알 수 있듯이, 일반적으로 구매 과정은 욕구와 필요의 인식, 관련 정보의 탐색, 대안의 평가, 구매 결정, 그리고 구매 후 행동 같은 5단계를 거친다. 그린 소비자와 일반 소비자의 구매 과정은 유사한 측면이 있지만, 구매 단계에서 고려하는 사항들은 확연하게 차이

가 난다. 〈표 2−2〉에서 일반 소비자와 그린 소비자가 구매 과정에
서 느끼는 심리적 차이를 확인할 수 있다.

　우리나라도 이제 그린 마케팅의 성장기에 접어들었다. 전 세계적
으로 ESG 경영이 기업 생존의 필수 요소로 부상하고 있는 가운데
그린 소비자들도 증가하고 있다. 신안군에서 팽나무 10리길과 생태
복원숲을 조성함으로써 탄소 중립에 앞장서고 있는 것도 탄소 중심
에서 그린 중심으로 정책의 패러다임을 바꾼 것이라 할 수 있다. 신
안군의 플로피아 프로젝트는 그린 마케팅을 구체적으로 실천한 성
공적인 사례다. 신안군의 이런 시도는 공공 영역에서도 ESG 경영
을 구호로만 외치지 말고 현실에서 실천하는 행동이 중요하다는 사
실을 알려 준 좋은 본보기다. 그린 마케팅 차원에서 전개해 온 신안
군의 플로피아 프로젝트를 보다 구체적으로 살펴보기로 하자.

〈표 2−2〉 **일반 소비자와 그린 소비자의 구매 과정 비교**

일반 소비자		그린 소비자
무엇을 원하는가?	욕구와 필요의 인식	정말로 원하는가?
	↓	
가격과 상품 특성은?	관련 정보의 탐색	생산과 소비의 환경적 효과는?
	↓	
나에게 어떤 혜택을?	대안의 평가	사회적 · 환경적 비용은?
	↓	
얼마나 빨리 살까?	구매 결정	언제까지 구매를 미룰 수 있나?
	↓	
신상품을 언제 살까?	구매 후 행동	구상품을 어떻게 이용할까?

4. 신안군의 플로피아 프로젝트

1) 수선화가 가져온 선도의 기적

플로피아 프로젝트의 가장 대표적인 성공 사례가 수선화 섬 선도(蟬島)다. 선도는 지도읍에 속하며, 목포에서 북서쪽으로 51km 떨어진 지점에 있다. 총 면적 5,600km²로, 2021년 기준으로 169세대, 287명이 거주하는 작은 섬이다. 섬의 생김새가 매미같이 생겼다 하여 맵재나 선치도로 불리기도 했다.[6] 정기 항로도 변변치 않고 이름도 생소한 선도는 2019년 수선화 축제에서 10일 동안 관광객 1만 2,000여 명을 유치했다. 섬이 생긴 이래 가장 많은 사람이 방문한 기록이 아닐까. 선도는 어떻게 수선화 섬으로 태어난 것일까?

(1) 현복순 할머니의 첫걸음

필자[7]는 2022년 7월 선도를 방문했다. 수선화가 절정인 봄이 훨씬 지나서 노랗게 물든 수선화 장관을 볼 수는 없었지만, 노랗게 색칠한 지붕과 하얗게 칠한 담장으로 마을은 매우 화사하고 밝게 보였다. 가장 먼저 방문한 곳은 주동교회 근처의 '수선화의 집'이었다. 선도에서 처음으로 수선화를 가꾼 현복순 할머니의 댁이다. 지금은 요양원에 계셔서 집은 비워져 있는 상태였지만, 할머니의 정성 때문인지 정원에는 아직 할머니의 손길이 남아 있는 듯했다.

목포에서 태어나고 자란 할머니는 할아버지를 따라 30년 전 뭍에서의 생활을 뒤로하고 섬으로 들어왔다. 고향인 선도에 돌아가고 싶어 하는 할아버지의 뜻을 따라서다. 평생 육지에서 생활한 할머니는 자녀들도 모두 출가했기에 별다른 미련은 없었다고 한다. 할머니는 어린 시절부터 꽃을 좋아했다. 친정인 목포 집은 정원이 넓었고 넝쿨장미, 천리향, 치자꽃이 사시사철 번갈아 피고 졌다. 서울의 아파트를 판 돈으로 선도의 들판 한가운데 700평 땅에 작은 집을 지었다. 그렇게 하고도 적지 않은 공간이 남았다. 그때부터 할머니는 집 텃밭을 정원으로 가꾸기 시작했다. 먼저 집 주위에 개나리와 넝쿨장미를 심어 울타리로 삼았다. 초봄에는 개나리가 피었고 개나리가 지면 5월부터는 장미가 활짝 피었다. 할머니는 육지 나갈 일이 있을 때마다 꽃을 사 와서 심고 가꾸었다. 꽃양귀비와 백합도 심었다. 수선화는 20여 년 전 농가까지 찾아가 구근을 두 자루 사다 심었다. 흰색을 특히 좋아하는 할머니는 수선화 중에서도 유독 흰 수선화를 많이 심었다고 한다.[8]

농사를 짓지 않고 꽃만 가꾸는 할머니를 동네 사람들은 이해하지 못했지만 현 할머니는 꽃을 심고 가꾸는 데 전념했다. 지방 선거 기간에 박우량 군수가 선도에 들렀다. 제주 양 씨, 신안 주 씨, 밀양 박 씨의 집성촌인 선도는 4월 초순 같은 날에 시제를 모신다. 비가 추적추적 내리는데 뽀얗게 꽃이 이렇게 쫙 피어 있는 수선화를 본 박 군수는 선도를 수선화의 섬을 만들면 어떨까라고 이야기했다고 한다. 2018년 선거에 당선되어 곧바로 주민들에게 수선화를 심도록 요청하였는데 참여자가 거의 없었다. 그래서 의회와 협력하여 "신안군 수선화섬 조성 및 지원 등에 관한 조례"를 제정하였다. 이 조례는 주민들이 수선화를 심으면 마늘·양파 수확량만큼을 보상한다는 내용이었다. 그리고 곧장 축제 준비에 들어갔다. 버려진 황무지와 농지를 개간해 축구장 16개 크기 12.3ha에 달하는 국내 최대 수선화 단지를 만들고, 이곳에서 전 세계 100여 종의 수선화 200만 본을 심어 2019년 수선화 축제를 열었다. 12,000명이 방문하는 대성공을 거뒀다.

박강용 농업기술센터 미래농업담당에 따르면, 수선화 섬이 되기 전까지 선도는 도깨비가 나올 정도로 어둡고 한적한 섬이었다고 한다. 길이 없거나 매우 비좁아서 이동이 불편했고, 슈퍼도 없고, 그냥 가정집에 베지밀 몇 개 갖다 놓은 정도였고, 식당도 없는 존재감 약한 섬이었다는 것이다. 저녁이 되면 불이 다 꺼져 있어서 어둡

[그림 2-4] 현복순 할머니의 수선화에서 시작된 수선화의 섬, 선도

고 조용하니 도깨비 나올 섬이라고 불렸고, 섬 주민들은 그런 불편하고 개발에서 뒤처진 삶을 당연하게 여기며 대대로 살아왔다. 그런 선도가 수선화 섬으로 이름을 알리며 1만 명이 넘는 관광객이 찾는 섬이 됐고, 도로 포장도 잘되고 주민들의 의식도 높아졌다. 어둡고 불편한 섬에서 밝고 깨끗한 마을로 정비됐다.

(2) 꽃이 가져온 변화

필자는 더운 여름인 7월에 방문해서 수선화의 아름다운 자태는 직접 확인하지 못했지만, 선착장에서 주동교회에 이르는 길 곳곳에 수선화 품종 이름이 쓰여 있는 팻말들이 눈에 띄었다. 이 넓은 동산과 언덕이 수선화로 가득했다니 마을을 가꾼 주민들의 고단한 손길이 느껴졌다. 마을은 샛노란 수선화 색으로 색칠해져서 화사하고 아름다워 보였다.

수선화 축제를 총괄하는 축제위원회 박기남 위원장을 만났다. 박 위원장은 객지에 살다가 6년 전 고향으로 돌아왔다. 낙지도 잡고 목공예도 하며 한갓지게 살고 싶었으나 축제 준비하는 사람이 필요해 축제위원회를 책임지고 있다고 한다. 수선화를 심고 관리할 주민들의 참여를 이끌어 내는 것이 박 위원장의 역할이다. 주민 평균 연령이 60대 중반으로, 일할 사람도 부족한 선도에서 물 주고 관리하고 풀을 제거하는 사람을 조직하는 것은 어렵고 중요한 일이다. 콩, 양파, 마늘을 심던 밭에 수선화를 심기 위해 땅 주인을 설득하고, 수선화를 심는 대신 마늘 양파 재배 시 얻게 될 소득을 보전하는 방식으로 땅을 빌렸다고 한다. 2021년에는 구근을 아산에 있는 식물원에 6천만 원어치를 팔기도 했으나, 2022년부터는 구근

을 밖으로 유출하지 않고 선도에서 재배 면적을 늘리자는 합의가
됐다. 우리나라에서 수선화 재배 품종도 가장 많고, 재배 면적도 가
장 넓은 선도는 앞으로 온 섬이 수선화로 가득 찰 것이다.

　수선화 섬으로 바뀐 다음 주민들의 생각에 변화가 있었을까? 박
위원장은 엄청나게 큰 변화가 있었다며, 예전에는 꽃이나 구근을
줘도 심지도 않았는데 축제 한 번 하고 나니 심겠다고 서로 달라고
한다는 것이다. "꽃이 사람을 이렇게 변화시키는구나. 이게 꽃의 힘
이구나."라고 실감했다고 한다. 축제 기간이 아니어도 2022년 봄에
하루에 100여 명 이상은 왔고, 수선화와 함께 심은 금영화 꽃을 보
러 오는 사람도 있어서 기쁘기만 하다고 했다. "우리는 많이 찾아올
수록 좋죠. 사람도 안 찾아오는 섬에 사람들이 오니 흐뭇하고 좋죠.
나는 자랑스럽게 생각하고 주민으로부터 욕을 먹어도 일을 합니다.

[그림 2-5] 선도 수선화 축제 박기남 조직위원장

[그림 2-6] 수선화로 가득한 섬을 만드는 것이 목표인 선도

이렇게 아름답잖아요." 변화된 마을에 자부심이 넘쳐흐른다. 축제장 주변이 아닌 마을에서도 축제장에 포함시켜 달라는 요구 때문에 즐겁다는 박 위원장은 고향 떠나 객지에서 사는 향우회에서도 많은 관심을 보이고 더 자주 온다고 한다. "우리 선도가 이렇게 좋아졌구나." 고향이 좋아진 것에 향우들이 자부심을 느낀다고 한다.

꽃이 마을과 사람을 바꿀 수 있을까? 신안 출신인 장유 담당은 주민들의 자부심의 실체가 무엇인지 생생하게 들려주었다. 경기도에서 대학 다닐 때, 한참 일명 '염전 노예' 사건이 뉴스로 보도됐다. 고향이 어디냐는 질문에 장 담당은 부끄럽게도 목포나 무안, 광주라고 대답했고, 직접 신안이라고 얘기를 못했다고 한다. 그런데 지금은 당당하게도 고향이 어디냐는 질문에 "퍼플섬이 있는 신안이

다. 천사섬 신안이다."라고 당당하게 대답할 수 있다고 말했다. 장
담당이 느끼는 가장 좋은 점은 자신이 신안 사람이라는 사실에 대
한 자부심이 생긴 것이다. 꽃이 위축된 자부심을 탈탈 털어 새롭게
키워줬다니, 꽃을 가꾸는 효능은 주민들에게 가장 큰 효과를 발휘
하고 있는 셈이다.

2) 수국과 팽나무의 섬, 도초도

(1) 가장 트렌디한 꽃, 수국

최근 인기를 끄는 꽃이 수국이다. 꽃에 무지한 필자가 최근에 가
장 많이 본 꽃도 수국이다. 제주 보롬왓에서 본 수국과 고흥 쑥섬을
뒤덮은 수국은 풍성하고 고상한 아름다움이 인상적이었다. 중국이
원산지인 수국은 한중일 3개국에서 주로 자라는데, 꽃이 피기 시작
한 초기의 수국은 녹색이 약간 들어간 흰 꽃이었다가 점차로 밝은
청색으로 변하여 나중엔 붉은 기운이 도는 자색으로 바뀐다. 토양
이 강한 산성일 때는 청색을 많이 띠게 되고, 알칼리성 토양에서는
붉은색을 띠는 재미있는 생리적 특성을 갖는다.[9] 결혼식 부케 꽃
으로도 자주 사용되는 수국은 세대를 가리지 않고 남녀노소 누구
에게나 사랑받는 꽃이다. 도초도 지남리에 3만 7,000여 평에 달하
는 수국 테마공원이 있다. 지남리는 도초면 소재지에서 약 3km 떨
어진 지앙산 아래에 있다. 『마을유래지』(신안군)에 의하면, "그 옛
날 그 섬사람들은 봄과 가을에 지앙산 토지신에게 제사를 올렸다."
라고 기술돼 있다. 지앙산의 남쪽에 자리 잡은 마을이 지남리다.[10]

산수국, 나무수국, 제주수국 등 이국적인 분위기의 수국들이 자

태를 뽐내는 이 공원은 다양한 14만여 주의 수국에서 피어난 알록
달록한 꽃 200만 송이가 여름이면 장관을 이룬다. 도초도 수국공원
은 지난 2005년 폐교된 초등학교에서 시작됐다. 버려진 학교 땅에
신안군과 주민들이 힘을 모아 수국을 심고 부지를 조성한지 6년만
인 2019년에 처음으로 열린 수국 축제는 입소문이 나면서 성공한
이벤트로 자리 잡았다.[11] 2022년 6월에 열린 수국 축제에는 4만여
명의 방문객이 도초도를 방문했다. 섬 인구 3천 명의 10배 이상이
섬을 방문했다. 인구 감소로 지속가능성에 대한 우려를 피할 수 없
는 섬 주민들에게 희망적인 뉴스가 아닐 수 없다. 신안군은 2022년
가을 수국 축제를 위해 목수국 전정 작업 중에 있으며, 전국 최초
의 가을 수국 축제를 열어 꽃 축제의 새로운 계기를 만들고자 한다.
또한 수국공원 주변에 팜파스그라스 테마공원도 함께 조성돼 있어
가을철 볼거리가 추가된다.

　신안군 정원산림과의 박성진 과장은 꽃 축제의 긍정적인 효과
가 단지 경제적인 것에만 그치지 않는다고 말했다. "도초도 수국
축제에 4만 몇 천 명 정도 다녀갔어요. 그런데 경제적인 효과만 해
도 10억 정도 되는데, 그런 것들이 이게 외부인이 온다고 해서 좋
은 게 아니라 자기 자녀들이 돌아오니까, 자녀들이 여름에 휴가를
부모님도 뵐 겸 수국공원에 오니까 더 좋은 것입니다. '우리 수국공
원 꽃 보러 가자. 가서 부모님을 뵙고 오자.' 사람들이 신안의 고향
에서 수국 축제 한 다음에는 '우리 고향이다. 한번 가봐라. 진짜 좋
다.' 이런 식으로 고향에 대한 자부심이 생기는 것들이 가장 큰 효
과입니다."

　신안군을 방문하면서 많이 들었던 이야기는 비금과 도초에 인

물이 많다는 것인데, 비금에는 무관이, 도초에는 문관이 많이 배출
됐다는 이야기였다. 도초 고등학교는 지금도 외지에서 입학하려
는 학생들이 많고, 학생들의 진학 성과도 높은 명문 고등학교로 손
꼽힌다. 2018년 대입에서는 수험생 전원이 수시에 합격하는 성과
를 얻었다. 도초고는 교육과정 혁신으로 2015년 교육부 선정 전국
100대 교육과정 우수학교에 선정되는 등 전국적인 수범 사례로 인
정받았다. 아울러 전체 학생의 25% 정도가 목포 등 내륙 지역에서
진학할 정도로 학생이 돌아오는 농어촌 학교의 성공 모델로 꼽혔
다. 도초고의 성과는 오랫동안의 섬 주민들의 학구열과 깊은 관련
이 있다.

 도초도는 1947년에 공공 울력을 통해 섬의 북쪽에 대규모 방조

[그림 2-7] 올라퍼 엘리아슨의 '대지의 문화시설'이 들어설 수국공원 정상

[그림 2-8] 올라퍼 엘리아슨의 대지의 문화시설 조감도

제를 건설하기 위해 섬 주민이 합심했다. 도초면 협의회를 조직하
고 30개의 자연촌을 10개로 재편한 다음 구역별로 방조제 공사 책
임을 분담했다. 공사의 책임은 주민 스스로 알아서 해결하는 것이
었고, 그 성과는 화도와 외남리를 이어 주는 방조제를 완공하는 일
이었다. 그 결과 완성된 것이 외남방조제로 그 안에 염전 7판이 만
들어졌고, 새로 만든 염전 3판을 '학교염전'이라 명명하여 섬마을
아동을 위한 중등 교육기관 건립 기금으로 희사한 것이다. 기금을
바탕으로 만든 것이 1952년에 개교한 도초고등공민학교(도초중학
교 전신)다. 섬에서 초등학교를 졸업한 학생들이 비로소 중등교육

[그림 2-9] 4만 명이 넘는 관광객이 찾은 2022년 도초도 수국 축제

에 진입할 수 있었다. 당시 입학생의 최고 나이는 22세였다고 하니, 얼마나 오랫동안 섬마을 중등교육이 중단됐는가를 미루어 짐작케 한다. 이런 원동력이 섬마을 공동체에서 발원하고 있었다.[12]

그렇다. 도초도는 인재의 섬이다. '꿈이 있는 인재의 고장'이라는 비석이 도초도 초입에 서 있다. 여덟 번의 신안군수 선거에서 여섯 번을 도초도 출신이 당선됐다. 인재의 섬으로 거듭나기까지는 주민들의 피땀 어린 노동력이 들어간 공공 울력을 통한 학교 설립이 자리하고 있다. 주민들의 자발적인 노력으로 인재를 키웠듯이, 섬의 미래도 주민들의 단결된 힘으로 열어 나갈 것으로 확신한다. 수국 축제가 주민들의 단합의 구심체가 될 것이다. 다행스럽게 수국 축제장 정상에는 세계적인 설치예술가인 올라퍼 엘리아슨(Olafur

Eliasson)이 만드는 대지의 문화시설이 들어서게 된다. 왕수국을 형상화한 작품도 들어설 예정이라고 하니 대지의 문화시설의 완공으로 수국 축제는 더욱 주목을 받게 될 것이 확실하다.

(2) 우영우와 함께 뜬 팽나무 10리길

2022년의 화제 드라마인 〈이상한 변호사 우영우〉의 7화와 8화인 '소덕동 이야기'에서는 도로 개설을 막는 데 결정적으로 기여한 팽나무가 주목받았다. 0.9%에서 시작한 시청률이 15%를 넘기며 세계적인 드라마로 거듭났다. 비영어권 넷플릭스 인기 순위 1위라는 세계적 인기에 드라마 촬영지인 경남 창원시 의창구 대산면 동부 마을도 관광객들로 들썩였다. 그 후 전남 함평과 보성 등 여러 지자체에서 "우리 마을에도 우영우 팽나무 있다"는 보도자료를 쏟아내기 시작했다. 신안군 도초도에는 무려 716그루의 명품 팽나무길과 환상의 정원이 있다. 팽나무 10리길은 전라남도의 2020년 도시숲 조성·관리 평가에서 도시숲 분야 대상을 시작으로, 산림청 주관 2021년 녹색도시 우수 사례 공모전 가로수 부문 우수상을 수상하는 등 좋은 평가를 받았다. 팽나무 10리길은 섬의 관문인 화포 선착장에서 수로를 따라 약 3.2km 이어진다. 수령 70~100년 된 팽나무 716그루가 조붓한 산책로를 사이에 두고 길 양편에서 터널을 형성하고 있다.

그렇다면 716그루의 팽나무들은 어떻게 도초도로 오게 됐을까? 박우량 군수가 30년 전부터 해남군 문내면 고당리를 몇 차례 방문했는데, 냇가를 따라서 오래된 팽나무 수십 그루가 서 있는 모습이 너무 아름다웠다고 한다. 특히 겨울철에 잎이 지고 난 다음의 팽나무 모습은 감동적이었다. 박 군수는 2006년 이후 신안군 어딘가에 팽나무 숲길을 만들 적지를 찾고 있었다. 전라남도에서는 마침 도초도에 사파리의 섬을 만들 계획을 세우고 2013년부터 24만 평의 토지를 매입했다. 도초도에 충분한 토지가 확보돼 있었기 때문에 2006년부터 꿈꾸었던 아름다운 숲길을 도초도에 만들게 됐다. 군청 공무원들은 전국 방방곡곡을 찾아다니며 팽나무를 구했다. 멀게는 충남 홍성과 경남 진주에서 온 것도 있고, 대개는 고흥, 해남, 장흥 등 전남 해안 지역에서 왔다. 밭둑에 덜렁 자라 농작물에 그늘을 드리우는 애물단지 팽나무나 산비탈이나 농수로에 뿌리내려 천대받던 팽나무가 그 대상이었다.

군에서 오래된 팽나무를 모은다는 소문이 퍼지자 직접 전화를 걸어오는 사람도 있었다. 공사에 방해가 돼 뽑아내려고 하는데 가져갈 거냐는 문의가 이어졌고, 장흥의 한 농민은 밭 한가운데에서 농지를 잡아먹는 팽나무를 뽑아갈 수 있겠느냐고 전화를 해 오기도 했다. 이렇게 해서 전국의 팽나무들이 도초도로 이주했다. 더불어 신안군 내에 수령 300년 이상 된 팽나무 94그루가 전라남도 보호수로 지정되어 잘 보존되고 있으니, 총 810그루 이상의 팽나무를 볼 수 있는 곳이 바로 신안군이다. 팽나무 숲길을 조성한다는 소식을 들은 주민들은 처음엔 반응이 시큰둥했다. 폭 16.5m의 논을 사들여 성토한 다음 나무를 심을 계획이었으니 반대도 많았다. 그늘이 져 농사를 망친다거나 참새 떼가 몰려들면 어떡할 거냐며 항의하는 주민도 있었다. 그래도 장차 이 숲이 도초도를 먹여 살릴 것이라는 설득에 반대하던 주민들도 끝까지 고집을 부리지는 않았다고 한다.[13]

팽나무를 찾고 도초도로 옮겨 심는 데 얼마의 예산이 들었을까? 효율적인 예산 집행에는 정원산림과 장유 팀장의 역할이 컸다. 조경 분야의 유통 네트워크 정보를 꿰뚫고 있는 장 팀장은 예산을 아끼기 위해 직접 나무 주인들을 찾아가서 기증을 제안했다. 조경 업체에 입찰을 통해 사업을 진행하면 팽나무 한 그루에 1천만 원에서 3천만 원의 비용이 드는 데 비해, 기증을 받은 뒤에 보상비로 10~20%를 나무 주인에게 직접 지급하는 방식으로 예산을 80%가량 절약한 것이다. 총 240억 원이 소요되는 예산을 40억 원 정도로 줄인 것은 기증 후 사례 지급이라는 조례 개정을 통해서 가능했다고 한다. 더군다나 조경 업체를 통해 식재하게 되면 나무 수형과 상관없이 나무 높이(h)와 뿌리 직경(r)이라는 표준만 통과하면 되기 때문에 생각보다 멋진 나무를 구하기가 어렵다고 한다. 현장을 잘 아는 공무원의 발로 뛴 행정으로 낮은 재정자립도의 지방자치단체

[그림 2-10] 월포천에 비친 팽나무 10리길

예산을 최대한 활용한 사례라 할 수 있다.

이렇게 기증받은 팽나무 716그루는 트럭에 실려 암태도까지 온 뒤에 배에 실려 비금도 가산항으로 도착하고, 다리를 건너 도초도까지 먼 길을 이동한 것이다. 작은 배에는 1~2대의 트럭, 큰 배에는 4대의 트럭을 실어 날랐다고 하니 운반에 사용된 배 운항 횟수도 수백 회에 이른다. 팽나무 숲길 옆으로 나란히 흐르는 월포천은 팽나무들을 반영하여 팽나무 숲길을 더욱 아름답게 한다. 앞으로 나룻배도 띄울 계획이라고 하니, 한편의 동양화를 연상케 하는 풍경을 연출할 듯하다.

3) 애기동백과 크로코스미아, 압해도

신안의 섬들은 북부권, 중부권, 홍도권으로 구분된다. 임자, 지도, 증도, 자은, 암태, 안좌, 팔금, 장산, 신의, 하의, 도초, 비금, 암태, 압해가 북부와 중부권의 대표 섬이다. 그중 가장 중심이 되는 섬은 군청 소재지인 압해도다.

압해도는 육지 바로 앞에 있다고 해서 '앞에도'라고 불렸다가 한자로 압해도로 바뀌었다는 설과 누를 압(押)과 바다 해(海)의 뜻대로 바다를 누르는 형상이라는 뜻에서 기원했다는 설이 있다. 압해도에는 용(龍)자 돌림의 지명이 많다. 용도, 용출도 등 부속 섬을 비롯해 가룡, 거룡, 복룡, 신룡, 회룡 등 압해도의 형상이 비상하는 용의 모습을 그대로 빼닮았기 때문일 것이다. 2008년 압해대교가 놓여 목포와 연결됐고, 2013년에는 김대중대교를 통해 무안과도 연결돼 섬이라기보다는 육지 느낌이 강해지고 있다. 신안군청도 목포 더부살이를 끝내고 2011년에 옮겨 왔고, 2019년에 천사대교 개통으로 암태도, 자은도, 팔금도, 안좌도까지 연결되면서 서남해안의 중심으로 자리 잡았다. 앞으로는 목포 달도를 통해 해남과의 연결을 목표로 공사 중이다. 무안 국제공항과도 멀지 않고 서해안 고속도로를 곧바로 탈 수 있으니 압해도는 그야말로 교통의 요지다.

신안의 중심 섬 압해도에는 천사섬 분재공원이 자리잡고 있고, 그 안에 저녁노을 미술관도 들어서 있다. 플로피아 프로젝트와 1도 1뮤지엄 사업이 동시에 이뤄지고 있으며, 두 사업의 본부 같은 역할을 수행하고 있다. 압해도 분재공원은 송공산 남쪽 자락 10ha 부지에 자리 잡았다. 다도해가 펼쳐진 바다정원에 분재원, 조각공원, 미니수목원, 미술관, 삼림욕장 등이 있는 예술공원이다. 2020년에 전라남도에서는 꼭 가 봐야 할 블루이코노미 명품숲에 선정하기도 했다. 적색, 백색, 분홍색의 애기동백꽃 1만 7천여 그루의 꽃 군락지를 이루고 있는 겨울 여행지이기도 하다. 송공산 자락 전망대까지 30여 분은 족히 걸어가야 하는 연인들의 이벤트 길이다. '내 마음을 꼭 잡아' '내 손을 놓지 마' 등 낯간지러운 어구의 현수막과 '사계절 꽃피는 플로피아 섬 신안 우체통', 그리고 곳곳의 동백꽃 관련 시구들이 잠깐 잠깐 발길을 멈추게 한다.[14]

천사섬 분재공원의 애기동백 축제는 2013년 처음 시작했지만 그동안 유명무실하게 방치해 둬 2020년에 2회 축제를 재개했다. 축제 이름은 압해도 섬 겨울 꽃 애기동백 축제다. 애기동백은 동백나무와 달리 어린 가지와 잎의 뒷면 맥위, 그리고 사방에 털이 있으며 암술대가 3개로 갈라진다. 꽃은 11월~이듬해 1월에 개화해 적색, 백색, 분홍색을 띠며, 수술대는 백색, 꽃밥은 황색이다. 크게는

10m까지 자란다. 바다가 내려다보이는 뷰 맛집인 천사섬 분재공원 20ha 중 10ha에 애기동백나무가 2km에 걸쳐져 심어졌다. 백색과 분홍빛으로 눈길을 끄는 애기동백꽃 사이로 걷는 길은 시간 가는 줄 모르게 꽃에 흠뻑 빠지게 한다. 일반 동백꽃은 꽃송이 채로 떨어지지만 애기동백꽃은 꽃잎이 흐드러지게 떨어져 바람이 불면 마치 눈이 날리는 듯한 착각을 일으키게 한다.[15]

압해도에 애기동백을 집중적으로 심은 것도 박우량 군수의 아이디어라는 게 신안군 농업기술센터 박영철 소장의 증언이다. 박 군수가 민선 4기 때 상록이며 겨울에 피는 나무를 찾아보라는 지시를 내리자 찾은 것이 바로 애기동백이었다. 일반적으로 겨울 꽃으로 동백이 연상되지만, 실제 동백은 겨울에 피지 않고 3월에서 4월

[그림 2-11] 겨울 애기동백꽃이 활짝 핀 압해도 분재공원

[그림 2-12] 겨울에 피는 유일한 동백, 애기동백

에 꽃이 핀다고 한다. 정확하게는 춘백이라는 것이다. "겨울에 꽃이
피는 동백은 유일하게 애기동백뿐인데, 애기동백의 정식 명칭은 산
다화로 산지에서 많이 꽃이 핀대서 산다화."라며 "꽃에 변이가 와서
겹꽃으로 변했고 그래서 겨울에 꽃을 피운다."고 박 소장은 설명했
다. 박 소장은 애기동백 역시 기증 방법을 통해 전국의 애기동백을
구했다고 한다. "원래 설계가는 한 그루 당 48만 원씩인데 저희가
할 때는 6만 원인가 7만 원씩 주고 매입을 했어요. 10년생 2만 주 이
상을 심었고, 신안 전체에 7만 주가량을 심었기에 전국 어느 곳에서
도 신안만큼 많은 애기동백을 볼 수 없다."고 자부심을 보였다.
　소복하고 탐스럽게 내린 흰 눈 아래 수줍게 붉은색을 터트린 애

[그림 2-13] 여름의 압해도를 장식한 크로코스미아

기동백의 모습이 사춘기를 막 벗어난 소녀의 모습을 연상케 한다. 흰 눈이 내리는 크리스마스나 연말연시에 애기동백길을 걷는 것은 무척이나 낭만적인 풍경이 될 듯하다. 애기동백길 아래쪽에는 크로코스미아 꽃을 심어 2022년 7월 축제를 열었다. 200만 본의 크로코스미아 꽃은 '청초' '여전히 당신을 기다립니다'라는 아름다운 꽃말을 가진 붓꽃과의 여러해살이 꽃으로, 7~8월 한여름에 긴 타원형의 주홍색 꽃이 화려하게 개화한다. 겨울과 여름 애기동백과 크로코스미아 꽃으로 뒤덮인 압해도 천사섬 분재공원의 정상에는 잔잔한 서해 바다를 조망할 수 있는 전망대가 설치돼 있다. 광대하게 펼쳐진 잔잔한 바다는 5,000만 평으로 흡사 정원 같아서 분재정원

5만 평과 합쳐 5,005만 평의 '바다 정원'이라 불린다.

5. 확장되는 플로피아와 발전 방향

2022년 현재 신안군에 완성된 정원은 8개소다. 튤립과 홍매화를 볼 수 있는 임자도, 수선화가 핀 선도, 붉은 맨드라미의 섬 병풍도, 목련꽃이 만발한 자은도, 애기동백의 천국 압해도, 철쭉이 지천인 팔금도, 라벤더 등 보랏빛 꽃을 볼 수 있는 퍼플섬(반월·박지도), 탐스러운 수국공원을 가진 도초도 등이다. 각각 1만 평에서 13만 평까지 다양한 면적이 단일 꽃으로 뒤덮이게 된다. 조성 중인 정원은 라일락의 섬 지도, 태산목과 돈나무를 볼 수 있는 중도, 해당화의 섬 레드비치 비금, 멀구슬나무를 심은 안좌, 은목서의 섬 장산, 백서향의 섬 우이도, 작약과 목련의 섬 옥도, 핑크의 섬 매화도, 인동초와 인동귤의 섬 하의도 등 9곳이다.

향후 추진 중인 플로피아 프로젝트 중 눈길을 끄는 것은 신의도의 올리브다. 일본 나오시마 근처의 쇼도지마가 올리브 농사와 가공품 판매로 6차 산업의 성공 사례로 손꼽히는 만큼 신의도의 올리브 정원이 어떤 효과가 있을지 기대된다.

신안군의 플로피아 프로젝트를 살펴보면 치열한 탐구 정신이 느껴진다. 한 섬의 특징을 종합적으로 파악한 뒤에 섬에 최적화된 꽃과 나무를 고르고, 적절한 위치에 심고 가꾸는 노력을 쉽게 눈치 챌 수 있다. 플로피아 프로젝트가 더 큰 호응을 얻기 위해서는 다음과 같은 점을 고민할 필요가 있다.

〈표 2-3〉 **신안군 플로피아 프로젝트의 개요**

구분	정원	면적	사업비 (억 원)
소계	20개소	124만 평	563
조성 완료 (8개소)	임자 (튤립, 홍매화)	3만 평	30
	선도 (수선화)	5만 평	15
	병풍도 (맨드라미)	10만 평	30
	자은 (목련)	13만 평	26
	압해 (애기동백)	5만 평	50
	팔금 (철쭉)	1만 평	20
	반월 · 박지도 (퍼플)	10만 평	20
	도초 (수국)	5만 평	20
	홍도(원추리)	1만 평	10
조성 중 (7개소)	지도 (라일락)	5만 평	25
	증도 (돈나무, 태산목)	10만 평	20
	비금 (홍도화, 해당화)	12만 평	120
	암태 (암석)	5만 평	50
	안좌 (멀구슬나무)	5만 평	50
	하의 (인동초, 인동귤)	13만 평	35
	장산 (은목서)	5만 평	15
	화도(홍도화)	0.5만 평	5
추진 중 (5개소)	고이도 (조팝)	5만 평	10
	매화도 (핑크꽃)	3만 평	6
	옥도 (작약, 모란)	3만 평	9
	우이도 (백서향)	3만 평	3
	신의 (올리브)	3만 평	9

[그림 2-14] 원추리가 만개한 7월에 열리는 홍도 원추리 축제

[그림 2-15] 붉은색으로 가득한 병풍도의 맨드라미 정원

[그림 2-16] 보랏빛으로 가득한 반월・박지도의 라벤더와 아스타 국화

1) 서포터 혹은 팬덤의 형성

현재 플로피아 프로젝트는 관이 중심이 돼 추진하는 프로젝트라할 수 있다. 꽃과 나무에 특별한 관심을 갖고 있는 군수의 기획으로 프로젝트가 기획됐고, 뜻을 같이하는 공무원들의 노력으로 계획이 차근차근 실현되고 있다. 물론 주민들의 참여로 꽃과 나무를 관리하고 있는 것도 확인할 수 있다. 하지만 주민들의 참여를 이끌어 내는 데에도 예산이 소요되고, 면적이 늘어날수록 지자체 예산 부담은 커져 간다. 따라서 플로피아 프로젝트를 지자체 내의 인력과 예산으로 운영하려는 패러다임을 과감하게 버릴 필요가 있다. 꽃을 좋아하고 나무를 사랑하는 외부 사람들을 끌어들이는 노력이다. 방탄소년단(BTS)의 세계적 성공에는 아미라는 전무후무한 팬덤의 존재가 있다. 이제 일방적으로 제시하는 콘텐츠에 의존하기만 해서는 곤란하다. 수용자, 혹은 방문객의 참여를 설계하고 조직하는 노력이 필요하다.

2022년 6월에 타계한 송해 선생의 〈전국노래자랑〉은 관객에 지나치고 말았을 평범한 사람들을 무대의 주인공으로 올리고, 대상을 탄 사람보다도 '땡'으로 떨어진 사람들을 주인공으로 내세워 대중문화의 신화를 만들었다. 지자체가 앞장서서 운영하기보다는 전세계의 꽃을 좋아하는 사람들에게 플로피아 정원을 선사하고, 그들이 스스로 정원을 가꾸도록 기획할 시점이다. 벤치마킹의 좋은 사례로 전남 고흥의 쑥섬을 들 수 있다. 고채윤-김상현 부부가 일구기 시작한 쑥섬의 멋진 정원은 마을 주민뿐만 아니라 외지의 자원봉사자들의 관리 덕분에 인기를 끌고 있다.[16) 신안군의 플로피

아 정원 역시 꽃을 사랑하는 외지인들과 자매결연한 도시의 주민
들에게 과감하게 운영을 맡기는 것도 고려할 법하다.

2) 지속가능성을 위한 부가 상품의 개발

꽃을 보러 섬을 찾는 사람은 큰 결심이 필요하다. 아름다운 자연
과 조화로운 꽃을 보고 마음의 빗장을 풀게 된다. 다만, 기억을 계
속 간직하고 싶어 하는 관광객의 마음을 달래 줄 부가 상품이 많지
않은 것이 현실이다. 꽃을 본 뒤에 감흥을 나누고 싶고, 오래 간직
하고 싶은 마음을 달래 줄 부가적인 요소가 부족한 것이다. 눈과 코
로 느낀 꽃의 아름다움을 혀와 귀와 피부로 느낄 수 있게 감각의 확
장이 필요하다. 여러 감각으로 대상을 지각할 때, 감동은 배가되며
오래 기억될 수 있다. 꽃을 본 다음에는 꽃씨나 꽃다발 아니면 꽃
화분을 집으로 가져가고 싶은 마음을 충족시켜 주어야 한다. 꽃을
눈으로만 보지 말고, 혀로 느낄 수 있는 꽃을 사용한 음료와 음식을
경험하게 해 주어야 한다. 플로피아 정원의 경험을 다양하게 느낄
수 있는 숙박을 제공하여야 한다.

이와 같이 식물에 부가적 경험을 제공한 벤치마킹 사례로 올리
브 섬인 쇼도지마를 들 수 있다. 대단위 올리브 농장뿐만 아니라 올
리브 공원 같은 다양한 체험 관광과 올리브유나 올리브절임을 비
롯해 올리브 핸드크림 같은 다양한 가공 제품을 개발해 국내외 관
광객에서 판매하며 지역의 중요한 소득원으로 자리매김했다.[17] 특
히 올리브를 활용한 사이다와 올리브 아이스크림은 관광객 사이에
서 꼭 맛보아야 할 음식으로 자리매김했다. 이처럼 다양한 멀티 퍼

포즈(milti purpose)는 섬에 경제적 가치를 축적하는 것으로, 지속가능한 섬을 가능하게 하는 데 필수적이다. 류큐 대학의 사회경제학 전공자인 카카즈 히로시 교수는 지속가능한 섬 경제 체제의 유지 관리를 위해 섬 내부에서 생산해 섬 내부에서의 소비를 촉진함으로써, 결과적으로 섬에서 재화가 빠져나가지 않도록 해 경제 수지 적자를 해소하는 '순환형 경제 사회' 시스템의 도입이 필요하다고 주장했다.[18] 매력 자본을 경제적 축적으로 연결해야 일자리가 창출되며, 일자리를 따라 사람들이 유입된다. 따라서 사람이 사는 섬은 결코 소멸되지 않는다.

제3장

예술로 지역에 활기를 불어넣는 아트 마케팅

홍경수(아주대학교 문화콘텐츠학과 교수)

신안군의 야심찬 계획에서 주목할 만한 또 다른 하나는 예술로 지역에 활기를 불어넣고자 하는 아트 마케팅이다. 섬 하나에 하나의 뮤지엄을 세우겠다는 과감한 발상이다. 신안군은 1004개 이상으로 구성된 섬인만큼, 최대 1004개의 뮤지엄이 세워지는 담대한 기획이다. 우선 1,382억 원의 예산을 들여 24개의 섬에 24개의 미술관이나 박물관을 설립할 구체적인 계획이 세워졌다.

미술관을 만드는 것이 신안군의 지역 재생에 정말로 도움이 될까? 이런 의구심은 세계의 저명한 예술가들이 참여함으로써 쉽게 해소됐다. 1도 1뮤지엄 아트 프로젝트가 가동됨에 따라 신안군의 문화예술 관광은 새로운 차원에 들어설 것이 확실하다. 2022년 7월 기준 14개의 미술관이 완공됐고, 8개의 미술관이 추진 중이며, 3개의 미술관은 계획 중이다. 이 장에서는 신안군의 대표적인 미술관을 소개하면서 예술로 지역에 활기를 불어넣는 신안군의 아트 마케팅에 대해 살펴보고자 한다.

1. 김환기의 예술 정신을 기념하는 플로팅 미술관, 안좌도

신안군의 1도 1뮤지엄 프로젝트의 시작은 수화(樹話) 김환기에서 시작됐다 해도 과언이 아니다. 김환기는 안좌면 읍동리에서 대지주의 아들로 태어나 도쿄, 파리, 뉴욕을 무대로 미술 활동을 펼친 세계적 작가다. 그는 일본대학 예술과 미술부에서 공부했고, 서울대 교수를 거쳐 1956년부터 1959년까지 미술의 본고장인 파리에 거주하며 5회의 개인전을 열었다. 국내에 돌아와 홍대 미대 학장을 역임한 뒤 1963년 브라질 상파울루 비엔날레 참가를 계기로 뉴욕에 정착하게 된다. 뉴욕에서 11년을 살다가 결국 고향으로 돌아오지 못하고 영면했지만, 8번의 개인전을 열며 예술가로서 마지막 불꽃을 살랐다.

1) 신안이 낳은 한국 최고의 화가

김환기를 설명하는 수식어는 다양하다. 우선 그는 한국 화가 최초로 100억 원이 넘는, 약 132억 원의 경매 최고가를 경신한 화가로 한국 근현대미술 경매 낙찰가 순위 상위 10개 중 9개의 작품이 그의 작품이다. 도슨트 정우철은 "김환기 작가는 한국 최초의 추상화가이며 한국의 피카소라고 불리는 국보급 화가"라고 평가했다.[1] 실제로 파리에 거주하는 동안 김환기의 관심은 오로지 피카소에 있었고, 피카소의 예술 정신을 누구보다 잘 이해했다.

　한국 화단을 대표하는 화가임에도 불구하고, 안타깝게도 안좌도의 생가에는 김환기의 작품이 한 점도 없다. 먼 길 찾아온 관광객들의 허무한 마음을 무엇으로 달랠 수 있을지 염려스러웠다. 반면 서울 부암동 환기미술관에는 그의 작품들이 다수 전시돼 있다. 예술가가 태어나고 성장하여 예술 세계의 뿌리를 형성한 고향 안좌도에서 김환기의 작품을 볼 수 있게 미술관을 세우는 일은 너무 늦었지만 당연한 일이다. 마침 신안군청이 김환기의 그림 31점을 소장하고 있다. 군청 홈페이지[2]에서 목록을 살펴볼 수 있다. 파리의 공방에서 제작한 판화 연작, 꽃과 항아리, 크로키, 요코하마 풍경, 달과 항아리, 인물점경, 물고기, 만월, 산월 등이다. 특히 '생가 풍경'은 안좌도의 생가를 화가의 눈으로 그려 낸 것으로, 안좌도에 들어설 미술관과 잘 어울린다.

　안좌도에 김환기 미술관을 건립하려는 계획이 추진됐지만, 관계자들과의 논의 과정이 순탄치 않아 좌절되기도 했다. 이제 김환기를 기념하는 미술관 대신 물 위에 짓는 '플로팅 뮤지엄'으로 계획을 전환하여 안좌면 읍동리 김환기 고택 근처인 신촌저수지에 들어서게 된다. 큐브 형태의 상설전시실 5개와 기획전시실 1개, 사무실 1개가 물 위에 떠 있는 모습은 그 자체로 뛰어난 조형성을 자랑한다. 큐빅 형태로 겉면 4면이 물에 반사되는 미술관의 설계는 나오시마 예술섬의 하나인 이누지마 세이렌쇼 미술관을 설계한 야나기 유키노리(柳幸典)가 맡았다. 더 이상 사용하지 않아 폐허가 된 구리 정련소를 새롭게 미술관으로 변신시킨 야나기 유키노리의 손길로 수상 미술관이 어떻게 탄생할지 관심이 모아지고 있다. 2023년 7월 개관 예정이다.

[그림 3-1] 야나기 유키노리가 설계한 플로팅 미술관

2) 안좌도의 바다와 하늘을 담은 환기 블루

그를 기념하는 미술관이 고향 안좌도에 세워진다는 소식을 환기
가 알았다면 어떤 마음일까? 환기는 매우 창의적인 예술인으로 그
림 그리는 일 말고도 글쓰기에 매진했으며 도시 계획 등 다양한 문
화적 포부를 지닌 사람이었다. 그는 자와 컴퍼스로 서울의 도시계
획을 하고 싶어 했으며, 그것이 안 되면 빌딩을 고쳐서 아래층은 순
수 미술관을 만들어 미술 공예품전을 열도록 하고, 2층은 공예 미
술공장을 만들어 생활 미술을 생산하며, 3층엔 미술연구소를 차려

우수한 젊은 미술가들이 모여드는 종합적인 미술 생산 빌딩을 만들고 싶어 했다.[3] 그가 건강하게 한국에서 살았다면 문화부장관으로 활약했을 수도 있었으리라 추측해 본다. 문화 강국 한국이 더 일찍 완성되지 않았을까?

그는 우이동을 문화촌으로 만들고, 문화촌에서 생산된 미술품 전부를 정부가 책임지고 판매하게 하고, 문화세를 국세에 추가하여 미술인을 지원하는 복지제도를 상상하기도 했다. 1950년대에는 20년 후쯤 자신이 직접 미술관을 짓고 싶어 했다. 장소는 깊은 산중, 관람료는 무료로 하되, 도록은 팔 것이라고 상상했다.[4]

그의 그림에는 고향 바다와 고향 생각이 많이 담겼다. 일본에서 중학교 졸업 후 일본대학 미술부에 입학한 후로 고향에의 그리움이 더욱 간절해졌음이 틀림없다. 그는 기억 속의 풍경을 재현해 1935년 가을 일본 '이과전(二科展)'에 출품해 입상했다. 일본에서 정식 화가로 인정받는 등용문에 낸 작품이 바로 신안의 일상 풍경을 서정적으로 그린 것이었다. 〈종달새 노래할 때〉가 제목인 이 작품은 저고리와 치마를 입은 누이가 등장하고, 구름, 버드나무, 새알들이 표현된 지극히 남방적인 풍토의 그림이다. "나는 남방의 따사로운 섬에서 나고, 섬에서 자랐다. 섬이란 태풍이 오기 전에는 평화롭기만 했다. 그렇지만 특히 종달새 노래하기 시작하는 봄이면 살았나 죽었나 한계를 모를 정도로, 하여간 무엇인지 모를 것들이 느껴지기만 하던 내 고향이었다(1956. 5)."[5]

'무엇인지 모를 것들'은 안좌의 바다와 바람과 햇살의 아름다움이 아닐까? 그의 그림에는 푸른 청색이 가득하다. 평론가들은 '환기 블루(Whanki blue)'라는 청색이 그의 고향인 안좌도 바다와 하늘에서 왔다고 본다. 그가 남긴 글에는 고향에 대한 기록과 감상이 눅진하다. "내 고향은 전남 기좌도. 고향 우리 집 문간에 나서면 바다 건너 동쪽으로 목포 유달산이 보인다. 목포항에서 백 마력 똑딱선을 타고 호수 같은 바다를 건너서 두 시간이면 닿는 섬이다. 그저 꿈 같은 섬이요, 꿈속 같은 고향이다. 겨울이면 소리 없이 함박눈이 쌓이고 여름이면 한 번씩 계절풍이 지나는 그런 섬인데, 가로세로가 비슷해서 끝에서 끝까지 하룻길이다. 친구들이 "자네 고향 섬이 얼만큼 크냐?"고 물으면 "우리 섬에선 축구 놀음은 못한다."고 대답한다. 공을 차면 바다로 떨어질 것 같기 때문이다. 그래도 섬에는 수천 석씩 나는 평야도 굽이굽이 깔려 있고, 첩첩 산도 겹겹이 둘려 있어 열두 골 합쳐 쏟아지는 폭포도 있다. 순하디 순한 마을 안산에는 아름드리 청송이 숨 막히도록 총총히 들어차 있고 옛날엔 산삼도 났다지만 지금은 더덕이요, 송이버섯이 무더기로 난다. 낙락장송이 울창하게 들어찬 산을 바라보면, 또 그 산 속에서 자란 나에게

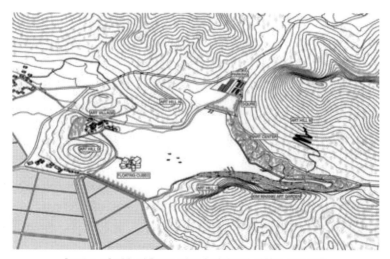

[그림 3-2] 예술 타운으로 거듭날 안좌도의 김환기 생가 마을

는 고향 생각이란 곧 안산 생각뿐… 이 봄에도 섬 아가씨들은 양지 바른 산기슭을 찾아 검밤불이랑 냉이랑 캐겠지.[6]

평생을 미술과 치열하게 분투하다 뉴욕에서 고국에 돌아오지 못한 채 영면한 김환기. 그가 사랑한 고향 안좌는 김환기의 예술 정신을 기념할 수상 미술관을 세우며 그를 기억하고자 한다. 그를 사랑하는 애호가들은 이제 안좌도의 하늘과 바다와 땅을 보면서 환기 블루의 황홀한 빛깔을 비교하며 감상할 수 있을 것이다.

"나는 동양 사람이고, 한국 사람이며, 아무리 변모한다 해도 내 이상의 것을 할 수가 없다. 내 그림은 동양 사람의 그림이고, 철두철미한 한국 사람의 그림일 수밖에 없다. 세계적이려면 가장 민족적이어야 하지 않을까. 나는 우리나라를 떠나 봄으로써 더 많은 우리나라를 알았고, 그것을 표현했으며 또 생각했다. 예술이란 강렬한 민족의 노래다. 파리라는 무대에 와서 보니 우리의 하늘이 더욱 역력히 보였고, 우리의 노래가 강력히 들려왔다."[7] 그의 작품 제목 『어디서 무엇이 되어 다시 만나랴』처럼 이제 안좌도에서 그림으로 된 김환기를 직접 만날 수 있을 것이다.

"저렇게 많은 별 중에서
별 하나가 나를 내려다 본다
이렇게 많은 사람 중에서
그 별 하나를 쳐다본다
밤이 깊을수록
별은 밝음 속에 사라지고
나는 어둠 속으로 사라진다

이렇게 정다운

너 하나 나 하나는

어디서 무엇이 되어

다시 만나랴"

　친구인 김광섭 시인이 뉴욕에 있는 김환기에게 보낸 잡지에 실린 시를 읽고 환기는 명작을 남겼다. 김환기 그림을 구성하는 수많은 점은 그토록 가 보고 싶었던 안좌의 바다를 점점이 채우고 있는 다도해의 섬들일 것이다. 아마 그럴 것이다.

2. 인피니또 미술관, 자은도

　휴양의 섬 자은도에 이탈리아에서 활동하는 박은선 작가와 스위스 건축가 마리오 보타(Mario Botta)의 협업으로 인피니또 미술관(Infinito Museum)이 만들어지고 있다. 2025년 봄에 완성 예정. 필자가 인피니또 미술관 건립 소식을 들은 것은 목포 MBC 김윤 국장으로부터다. 신안군이 다른 도시로 갈 뻔한 박은선 작가의 미술관을 가까스로 유치했다는 것이다. 세계적인 조각가의 미술관이 어떻게 신안군에 세워지게 된 것일까? 내막은 이렇다.

1) 왜 부산, 목포가 아니라 신안에 세워졌나

　박 작가는 몇 년 전 부산시 초청으로 작품을 출품했다. 박은선의 조각을 주의 깊게 살펴본 서병수 전 부산시장이 박 작가에게 부산에 미술관을 만들자고 제안했고, 박 작가도 제안을 받아들인 것으로 알려졌다. 인피니또 미술관은 부산에 설치될 뻔했다. 하지만 서 시장이 재선에 실패하고 시장이 바뀌면서 미술관의 부산 건립 계획은 무산됐다.

영혼의 건축가로 불리는 마리오 보타는 주로 종교적인 건축물을 설계한 스위스의 건축가로, 전 세계 주요 도시의 건축물을 설계했고 한국에서도 강남 교보타워와 삼성 리움 미술관 설계로 알려졌다. 마리오 보타는 자신과 친분을 유지한 박은선 작가에게 원하는 장소에 미술관을 설계해 주고 싶다고 약속했다. 박 작가가 고민 끝에 많은 사람이 접근할 수 있는 서울 근교를 제안하자, 보타는 당신의 작품은 당신이 태어난 고향의 영향을 받지 않을 수 없는 법이니 당신의 고향에 설립하는 것이 어떠냐고 조언했다고 한다. 박 작가는 목포시장을 만나기로 했으며, 이 과정에서 박 작가의 고교 후배인 김윤 국장이 역할을 맡았다. 김윤 국장으로부터 박 작가의 목포시 방문 소식을 들은 박우량 군수는 목포시장 면담 전에 박 작가를 만나게 해 달라고 요청했다. 그렇게 박 군수와 박 작가의 만남이 이뤄졌다. 박 군수가 박 작가에게 제안한 내용은 다음과 같다.

"당신의 고향이 목포니까, 만나게 될 목포시장께서 목포에 미술관을 만들자고 하면 그렇게 하지만, 만약 목포시에서 제안을 하지 않는다면 신안군에 미술관을 세우자." 천우신조로 목포시로부터 미술관 건립에 대한 제안이 없었다. 그 소식을 듣고 박 군수는 곧바로 박 작가를 데리고 신안군으로 향했다. 답사 후 입지는 자은도 둔장 해수욕장 근처로 결정됐다. 마리오 보타는 설계를 위해 자은도

[그림 3-3] 세계적 건축가와 조각가가 협업한 인피니또 미술관 조감도

[그림 3-4] 제1회 섬의 날 기념 박은선 조각가의 전시작품

를 몇 차례 방문했고, 설계를 마치고 건축을 시작했다. 예정대로라면 2025년에 인피니또 미술관은 완성되고 수많은 관광객을 불러올 것이다. 김윤 국장은 미술관 개관식에 박 작가와 친분 있는 안드레아 보첼리(Andrea Bocelli)의 축하공연을 하면 어떨까 하는 상상을 펼쳤다. 모든 웅대한 성취가 상상의 결과물이라고 한다면, 자은도 해변에서 보첼리의 〈타임 투 세이 굿바이〉를 들을 유쾌한 상상도 현실이 될 것만 같다.

2) 조각가 박은선의 작품 세계

2022년 봄, 박은선과 테너 안드레아 보첼리와의 협업이 화제가 됐다. 2022년 7월 28일, 이탈리아 토스카나주 라하티코에서 열린 보첼리의 공연 무대에 높이 11m, 무게 22t의 대형 대리석 조각 '무한기둥'을 설치했다는 뉴스다. 보첼리는 공연 타이틀을 '무한(인피니또)'으로 명명했고, 박 작가의 조각 제목 역시 무한기둥(Colonna Infinit)이다. 공연의 이름과 조각의 이름이 비슷한 것은 보첼리가 박은선의 추상 조각이 품고 있는 정신성과 주제에 얼마나 매료됐는지를 보여 준다. 보첼리는 클래식 공연과 미술이 하모니를 이루도록 타이틀을 조각에서 따왔다고 한다.

도대체 어떤 인연으로 박은선과 안드레아 보첼리는 예술적 영감을 공유하는 사이가 됐을까? 보첼리는 박은선의 추상 조각을 손으로 만져 가며 마음의 눈으로 작품을 감상한 뒤 '깊은 명상에 빠지게 하는 최고의 작품'이라는 감상평을 내놓기도 했다. 2021년 여름, 박은선이 토스카나의 유명한 휴양도시 비아레조시 초청으로 해변에서 야외 조각전을 가질 때 보첼리는 자신이 소유한 비치클럽에도 조각을 설치할 것을 제안했다. 이로써 박은선은 비아레조에서의 야외 전시회를 성공적으로 개최할 수 있었다. 이를 계기로 보첼리가 자신의 공연에 조각을 세워 줄 것을 요청해 음악과 미술의 컬래버레이션이 성사됐다는 것이다. 이 정도의 친분이라면 인피니또 미술관 개관식에 보첼리의 공연이 아주 불가능한 것은 아닐 듯하다.

박 작가는 경희대학교 미술대학을 졸업한 뒤 조각을 위한 대리석 산지로 유명한 카라라 국립예술아카데미를 졸업하고 1993년부터 세계 조각 예술의 본고장인 피에트라 산타에서 활동해 왔다. 그는 동양의 깊고 오묘한 정신성에 서양의 조각 어법을 결합한 간결하면서도 구축적인 추상 작업으로 호평을 받아 왔다. 유럽의 여러

[그림 3-5] 박은선의 '무한기둥'을 활용한 보첼리의 공연 포스터

도시와 미술관 초대로 개인전을 가졌고, 전 세계를 누비며 왕성하게 활동해 왔다. 현재 이탈리아와 유럽 각 도시에 박은선의 공공조형물이 20여 점 설치돼 있다.

특히 2016년에는 이탈리아 피렌체시 초청으로 도시가 훤히 내려다보이는 미켈란젤로 광장을 비롯해 베키오 궁전과 피티 광장, 공항 등에 모두 14점의 조각을 석 달간 전시하는 대규모 야외 전시회를 개최하기도 했다. 당시 박은선을 초청해 조각 전시를 열도록 한 다리오 나르델라 피렌체 시장은 "동서양의 예술 미학이 결집된 박은선의 뛰어난 작업을 피렌체시 곳곳에 설치하게 돼 기쁘다."며 찬사를 보낸 바 있다. 이탈리아 유학 후 고국에서 대학교수 제의를 받기도 했으나 편안하고 안정된 길 보다 전업 작가로서 조각의 본고장에서 승부를 보겠다며 배수진을 치고 작업에 올인, 유럽을 대표하는 조각가로 발돋움했다. 현재 박은선은 이탈리아의 갤러리인 콘티니갤러리 전속작가로, 이탈리아에서 활동하는 조각가로서는 가장 많은 작업량과 가장 활발한 전시 활동을 펼치는 작가로 손꼽힌다.

박은선은 2018년에는 피에트라산타시가 조각예술 부문에서 가장 훌륭한 업적을 거둔 작가에게 수여하는 권위 있는 '프라텔리 로셀리'상을 받았다. 2021년에는 그간의 예술적 성취를 인정받아 동양인으로는 처음으로 피에트라산타의 명예시민이 됐다. 게다가 올해에는 도시의 첫 관문인 고속도로 진입 로터리에 시의 요청으로 대규모 작품 '무한기둥'을 영구 설치하기도 했다. 피에트라산타의 공공장소에 작품을 설치한 조각가는 페르난도 보테로(콜롬비아), 이고르 미토라이(폴란드) 등 손에 꼽을 정도여서 한국 현대 조각계의 쾌거라 할 수 있다.

　박은선은 뉴스핌과의 인터뷰에서 "초창기 하숙비가 떨어져 곧 쫓겨날 상황인데도 스튜디오 한 켠에서 작업을 하곤 했죠. 딱히 갈 곳도 없었으니까요. 어느 일요일 오전, 마침 스튜디오 투어에 나선 컬렉터 부부가 내 작품을 눈여겨봤다가 저녁까지도 작업 중인 나를 다시 발견하곤 즉석에서 작품을 구매했습니다. 절벽 끝에 서 있었는데 극적으로 고비를 넘긴 거죠. 그 후에도 피 말리는 순간들이 많았지만 좌고우면하지 않고 진격했더니 오늘 이렇게 이 도시에서 작업하는 모든 조각가가 가장 염원하는 '피에트라산타시에 작품 영구 설치'라는 목표를 이루게 됐습니다."라고 소감을 털어놓았다.[8]

[그림 3-6] 박은선의 조각 앞에서 노래하는 보첼리(이탈리아, 2022. 7. 28.)

이 세계적인 조각 도시로 들어서는 고속도로 진입로에 높이 11m의 대형 조각을 박은선이 설치하게 된 것은 여러모로 시사하는 바가 크다. 박은선 작업의 독창성과 예술성, 그리고 그가 이탈리아 토스카나에서 거둔 성과가 종합적으로 평가된 것이다. 세계적인 조각의 성지로부터 인정받은 박은선의 작품 세계가 이제 휴양의 섬 자은도에서 펼쳐지게 된다. 2025년 5월에 개관 예정이다.

3) 건축가 마리오 보타의 작품 세계

마리오 보타는 1943년 스위스 멘드리시오에서 태어나 루가노에서 견습생 과정을 거친 뒤 밀라노 예술대학과 베니스 건축학교를 졸업했다. 베니스에서 공부하는 동안 르 코르뷔지에와 루이스 칸을 위해 일하는 기회를 얻었다. 스위스 몬뇨의 산 지오바니 바티스타 교회, 프랑스 에브리의 에브리 성당(Evry Cathedral), 샌프란시스코의 현대미술관(San Francisco Museum of Art: SFMOMA), 스위스 바젤의 팅글리 미술관 등을 설계했고, 스위스 건축상 등을 수상했다.

홈페이지에 소개된 그의 건축 철학은 총 여덟 가지로 입지의 맥락, 도시의 역사성, 빛, 중력, 기하학·대칭·질서, 자연 재료, 과거, 기억에 대한 존중, 미학보다 윤리학이 그것이다.[9] 그의 철학을 크게 압축하자면, 조형적 안정성과 사회윤리적 태도다. 조형적 안정성에는 빛, 중력, 기하학·대칭·질서 등이 포함되며, 사회윤리적 태도에는 입지의 맥락, 도시의 역사성, 자연 재료, 기억에 대한 존중, 윤리학이 해당한다. 따라서 그의 건축은 차분하고 안정감을 주면서 군더더기가 없어 보인다.

    마리오 보타는 한국의 대표적인 랜드마크 건물을 여럿 설계했
다. 가장 대표적인 것이 강남 교보 사거리의 적갈색 벽돌 건물인 교
보타워다. 마리오 보타의 건축 철학 중 대표적인 것이 대지의 중요
성, 빛, 기하학, 자연 재료 등이다. 특히 벽돌을 건축 재료로 쓰는
이유가 건축 철학 중 자연 재료에 해당하는데, 흙이라는 자연 재료
로부터 만들어지고 그만큼 내구성이 좋기 때문이라고 한다. 적갈
색 벽돌이라는 재료의 특성 때문인지 교보타워는 차분하고도 진지
해 보이며, 자신을 뽐내지 않는 듯하면서도 존재감을 드러내는 미
감을 자랑한다. 평범할 수도 있는 직사각형의 건물을 단지 붉은 벽
돌로 마감함으로써 주변의 무채색 또는 유리 건물과는 재료적으로
차별성을 주고, 시각적으로 강렬함을 줄 뿐만 아니라, 건물 자체에
도 무게감을 준다. 만약 당신이 강남 근처를 지날 때마다 교보문고
에 들어가고 싶다면, 그것은 마리오 보타의 건축 철학의 힘이다.
    서울 한남동에 있는 리움 미술관에서도 마리오 보타의 작품을 발
견할 수 있다. 마리오 보타의 건축물이 렘 쿨하스(Rem Koolhaas)와
장 누벨(Jean Nouvel)이 설계한 건물과 함께 서 있다. 이 중 가장 눈
에 띄는 역원추형의 붉은색 벽돌 건물이 마리오 보타의 설계 건축
물이다. 이전에는 찾아보기 힘들었던 역원추형 건물과 유럽 고성의
성벽이 연상되는 건물은 형태적으로 리움의 다른 두 건물과 차별화
됐고, 특유의 붉은색 벽돌은 시각적으로 강렬함을 선사한다. 건물
내부에는 외관의 모양을 그대로 유지한 나선형 계단이 있다. 건물
중앙 내부 공간의 천장은 유리로 돼 있는데, 천정으로 들어오는 채
광이 지하 로비까지 전달된다. 이 빛이 흰색의 내부 벽과 나선형 계
단을 따라 난 측창을 통해 마리오 보타의 빛에 대한 건축 철학을 엿

[그림 3-7] 인피니또 미술관 설계를 위해 수차례 자은도를 찾은 마리오 보타

볼 수 있다. 마리오 보타는 리움 미술관에 대해 다음과 같이 말했다. "이 건물은 도자기 미술관을 염두에 둔 공간입니다. 도자기 화병을 거대화한 신비한 형태를 만들고 싶었죠. 누군가 도시를 지나다가도 신비한 모습에 끌려 미술관 안으로 들어오고 싶게 하는 거죠."[10]

세 번째로 알려진 한국의 건축물은 2020년에 준공된 남양 성모 성지 대성당이다. 마리오 보타가 가장 최근에 한국에서 진행한 프로젝트로, 무려 8년 동안 한국과 스위스를 오가며 14차례의 설계 수정 끝에 완성된 건축물이라고 한다. 마리오 보타는 다양한 건축물을 설계했지만, 특히 종교 건축으로 많은 주목을 받았다. 기독교, 이슬람교, 유대교 등 다양한 종교 건축물을 설계한 몇 안 되는 건축가 중 한 명이기도 하다. 종교 건축을 틀에 박힌 설계가 아닌 종교에 대한 인식과 훗날 종교 건축이 미칠 영향, 상징성에 대한 깊은 고민 등 창의적인 설계로 확장했다. "물질적인 것을 넘어 인간의 영적인 요구에 부응하는 건물을 짓고 싶어요."[11] 남양 성모성지 대성당은 2020년 당시 개봉한 다큐멘터리 영화 〈마리오 보타: 영혼을 위한 건축〉이 개봉되면서 화제가 됐다. 역시나 붉은 벽돌을 주 외장 재로 쓴 남양 성모성지 대성당은 기존의 성당 건축에서 찾아볼 수 없는 두 개의 원통형의 탑이 시선을 사로잡는다. 두 탑 사이의 틈을 통해 내부로 흘러 들어가는 빛은 내부에 영적인 공간을 만들어 내고, 골짜기에 있는 대지에 '울타리' 역할의 건축물을 만들어 복잡한 세상과 구분되며 영혼이 치유되는 공간 설계를 의도했다. 그를 '영혼의 건축가'라고 부르는 이유도 여기에 있을 것이다.[12]

　인피니또 미술관에는 다양한 작가의 작품도 함께 전시되지만, 주된 작품은 조각가 박은선의 작품이 될 계획이다. 따라서 마리오 보타가 설계한 인피니또 미술관 역시 대리석을 많이 활용한 건축물이 될 것으로 보인다. 자은도 둔장 해수욕장 바로 앞에 세워질 인피니또 미술관은 탁월한 바다 전망과 함께 세계적인 예술가들의 협업으로 탄생된 또 하나의 예술작품으로 신안군의 1도 1뮤지엄 프로젝트의 핵심 기지가 될 것으로 보인다. 둔장 해수욕장 앞으로 연결된 무한의 다리도 박은선 작가에게 부탁하여 작명했으며, 이 탈리아어로 병기한 것도 박 작가의 활동 무대를 감안한 것이리라. 미술관을 관람한 뒤 할미섬까지 걸어서 바닷바람을 맞으며 바다 위를 걷는다면, 먼 걸음의 여정이 충분히 보답 받을 수 있을 것이다. 지금은 인피니또 다리(무한의 다리)라고 작명한 이후 많은 관광객이 이름에 이끌려 방문하고 있다. 2022년 완공된 자은도의 라마다 호텔 & 씨원 리조트에는 한국 최고의 미디어 아티스트 이이남의 작품이 전시되어 있다. 자은도를 주제로 한 '은혜의 폭포'와 파도를 소재로 한 작품이 인상적이다.

3. 비금도 바다 미술관과 앤터니 곰리

비금도에는 바다 미술관이 만들어지고, 거기에는 세계적인 설치예술가 앤터니 곰리(Antony Gormley)의 작품이 들어설 예정이다. 곰리의 작품에는 관광객의 몸과 마음을 뒤흔드는 파토스가 넘친다. 곰리의 작품이 신안군에 들어선다는 이야기를 들었을 때 귀를 의심했다. 이 시대 최고의 설치작가 곰리의 작품을 가져오려는 담대한 상상을 한 기획자가 누구인지 무척 궁금했다.

필자는 몇 년 전 나오시마를 방문해서 안도 다다오(安藤忠雄)가 설계한 숙소 베네세 하우스에서 1박할 기회를 가졌다. 안도의 손길이 느껴지는 숙소 내부를 음미하다 결국 잠을 이루지 못했다. 예술은 무덤덤한 사람의 가슴에 파문을 일으킨다. 결국 새벽 내내 뒤척이다 복도로 나가 어슬렁거렸다. 문득 발견한 입상, 곰리의 작품 〈Sublimate IV〉였다. 사람의 육신이 산산히 부서져 작은 픽셀 단위로 결정화된 형상을 보고 서늘한 충격을 받았다. 표정도 안색도 살필 수 없는 작은 큐브의 덩어리이지만, 어떤 감정을 느끼고 있는지는 강렬하게 느낄 수 있었다. 〈승화〉라는 제목처럼 자신의 욕망을 발현하지 못하고 다른 무엇인가로 기화된 자의 텅 빈 신체가 느껴졌다. 곰리는 사람을 닮은 형상으로 사람의 마음을 그려 내는 조각가라는 사실을 어렴풋이 느꼈다. 앤터니 곰리는 누구인가?

1950년 영국 태생의 조각가. 1968년부터 1971년까지 케임브리지대에서 고고학과 인류학을 전공했고, 이후 3년간 인도에서 명상을 하면서 예술가의 길을 걷기 시작했다. 곰리는 지난 40년간 인

[그림 3-8] 서늘한 슬픔이 느껴지는 앤터니 곰리의 〈Sublimate Ⅳ〉

간의 육체와 우리가 살아가는 공간들과의 연관성을 탐구해 왔다. 1998년 탄광도시 게이츠헤드에 설치한 〈북방의 천사(Angel of the North)〉를 비롯해 리버풀 크로스비 해변에 설치한 100개의 사람 형상 조각 작품인 〈또 다른 장소(Another Place)〉, 오스트리아 보랄베르그 산 곳곳에 설치한 100개의 사람 형상 조각 프로젝트인 〈지평선 벌판(Horizon Fields)〉, 런던과 뉴욕 시내 곳곳의 빌딩이나 길거리에 사람 조각을 설치한 〈이벤트 지평선(Event Horizon)〉 시리즈 등의 설치 작업으로 유명하다. 특히 2009년 런던 트라팔가 광장의 좌대에 사람들을 100일 동안 24시간 내내 한 시간씩 교대로 전시한

〈서로(One & Other)〉라는 작품은 전 세계적으로 화제가 됐다.

　곰리는 자신의 몸을 랩으로 감은 뒤에 석고 모형을 뜬 다음 여기에 쇳물을 주조해서 등신상을 만드는 독창적인 접근으로 화제를 모았다. 곰리는 아트 컨설턴트 최선희와의 인터뷰에서 대부분의 작품을 라이브 캐스팅(온몸에 석고를 바르고 석고가 굳어 틀을 떼낼 때까지 부동자세로 있는 과정)을 거쳐 만들며, 육체의 자유를 제한할 때 우리의 정신은 더 멀리 나아간다고 밝혔다. 패러독스처럼 들릴 수 있지만, 이것이 명상의 기본 원칙이기도 하다는 것이다. 그는 "라이브 캐스트를 통해 움직임의 반경과 자유로운 표현 능력을 의도적으로 제한하고, 모든 육체의 컨트롤을 기꺼이 포기함으로써 한층 더 자유로운 공간으로 이동하게 되는 경험을 하게 된다."고 작업 논리를 설명했다. 이런 작업 논리는 그가 고고학과 인류학을 공부했으며, 3년간 인도에서 명상을 한 경험과 밀접한 관계를 맺는다. 대학 졸업 후 인도에서 수도승과 함께 살면서 늘 명상을 했는데, 이것이 인간의 정신과 육체의 상관성을 깨달아 가는 과정이었다는 것이다. 그는 인도에서의 경험을 시각언어로 표현하고 싶었고, 예술가로서 나아갈 하나의 길과 방법을 제시해 준 중요한 삶의 계기였다고 밝혔다.[13]

　나오시마에서 본 조각의 실루엣을 들여다보면 곰리의 몸이 어렴풋하게 그려진다. 사물로 완성된 인간과 그 안에 담겨 있는 영혼은 보는 사람으로 하여금 시간과 공간, 그리고 삶과 인간에 대해 생각하게 한다. 지금은 어떤 시간인가? 나는 어디에 있는가? 나는 누구이고, 언제까지 살 것인가? 나의 번뇌와 우울은 또 무엇인가? 곰리의 작품에는 사유를 직접 가리키는 말은 없다. 그가 만든 조형이 사

[그림 3-9] 영국 중서부 바닷가에 설치한 앤터니 곰리의 〈Another Place〉

유를 유발할 뿐이다.

2021년 가을, 아주대 학생들과 진행한 '영상 카피라이팅' 과목 강의 중에 사진을 보여 준 뒤 이야기를 풀어내는 훈련을 하는 과정이 있었다. 곰리의 작품을 골랐다. 1997년에 완성한 〈Another Place〉다. 영국 중서부 해안 크로스비 바닷가에 곰리는 바다를 바라보는 100개의 인체 조각상을 3km에 걸쳐 설치했다. 조수 간만의 차가 큰 바닷가여서 밀물과 썰물이 반복될 때마다 조각상은 물에 잠겼다가 모습을 드러낸다.

한 학생이 다음과 같은 글을 남겼다.

"용도를 다하여 껍데기만 남은 것들의 무덤. 텅 비어 노끈으로 잘 매어 놓지 않으면 바람 불어 날아가겠지. 알맹이만 쏙 빼어 가 너희를 버린 자들은 누구일까? 너희 안에 무엇이 있었을까? 다시금 묶인 너희는 이제 또 다른 이의 소유이지. 단 한 번도 자유를 가져 본 적 없는 너희가 가여워. 오로지 쓸모에 의해서만 정의되는 것들. 누구와 별반 다르지 않다. 21세기 청년의 무덤." (박하연)

곰리의 작품을 찍은 사진에서 '단 한 번도 자유를 가져 본 적 없이 용도를 다하고 껍데기만 남은 것들의 무덤'이라고 언어를 추출해 낸 학생이 대견했다. 곰리의 작품 사진을 통해서 이토록 절절한 언어가 나올 수 있다면 실제 현장에서 작품을 봤을 때 얼마나 더 멋진 에크프라시스(Ekphrasis: 그림을 글로 표현하기)가 탄생할지 궁금하다.

서늘한 슬픔을 유발하는 곰리의 또 다른 작품은 아마도 〈웨이스트맨(Wasteman)〉이 아닐까 싶다. 도버 해협 근처의 영국 남동쪽 항구도시 마르게이트는 중세 이래로 유명한 휴양도시였으나 20세기 들어 쇠퇴를 거듭했다. 곰리는 마을 주민들과 함께 집 안에 있는 불에 타는 가구 등 30t을 모아서 27m의 거대한 조각을 만들었다. 6주간에 걸쳐 가구를 모으고 입상을 세우는 과정에 주민들로 구성된 자원봉사자들의 노력으로 주민들을 하나로 묶는 퍼포먼스를 기획한 것이다. 그리고 어느 해질 무렵 주민들이 지켜보는 가운데 나무 쓰레기로 된 거인상에 불을 붙였다.

커다란 거인이 불에 붙어서 연기를 내며 활활 타는 모습은 처연하기 그지없었다. 몸에 불이 붙어서 뜨겁지만 아무 소리도 내지 않고 묵묵히 참으며 사라지는 모습은 비디오로 남아 있다. 금속 주조 작업을 해 온 곰리는 왜 나무를 모아서 불태우는 작업을 했을까? 곰리의 의도는 다음과 같다. "그 작품은 한마디로 구시대의 종결로 인한 새로운 시대의 개막을 표현한 작업이었다. 우리 삶의 쓰레

[그림 3-10] 폐가구의 거인 형상을 불태우는 퍼포먼스인 〈웨이스트맨〉

기나 버려진 물건을 완소시켜 버림으로써 새로운 에너지를 얻고자 했다. 모든 것이 넘쳐나도록 과다하게 대량 생산되는 현대 소비 사회로부터 개인의 가치가 중요시되던 시대로 돌아가고자 하는 염원도 담았다.”[14] 곰리는 2022년 7월 신안군 비금도의 바다 미술관 설치 장소를 직접 방문했다. 비금도까지 가는 여정과 바다 미술관 설치 장소들을 둘러보면서 곰리는 신안군의 자연이 너무 잘 보존되어 있다며 감탄하였고, 이탈리아의 카프리섬보다 아름다운 섬이라고도 하였다. 곰리는 신안군에 자신의 작품이 설치되는 의미에 대해서 다음과 같이 말하였다. “비록 신안군이 육지와 떨어진 섬으로 교통도 불편하지만 잘 보존된 아름다운 자연환경에 내 작품이 어

[그림 3-11] 앤터니 곰리의 '바다의 문화시설' 조감도

우러짐으로서 이곳을 방문하는 누군가에게 영감과 힐링을 주는 것
이 내 작품이 많은 사람에게 보여지는 것보다 더 의미 있다고 생각
되어 신안군 비금도에 작품 설치를 결심했다." 곰리의 작품이 신안
비금에 들어선다면, 아름다운 바닷가와 어떤 조화를 이루어 우리
를 들뜨게 할지 궁금하다. 2024년 5월에 개관 예정이다.

4. 기점 · 소악도 섬티아고 순례길의 건축 미술

제주 올레길을 만든 서명숙 이사장으로부터 들은 이야기다. 시
사저널 편집국장을 하다가 그만두고 스페인의 산티아고 순례길을
걸었을 때, 그 길이 너무 좋아서 감탄을 거듭하자 같이 길을 걷던
외국인이 "그렇게 좋다면 너의 고향에도 만들어 봐."라는 말에 영

감을 받았다고 한다. 그때 서귀포의 아름다운 고향길이 떠올랐으며 곧바로 만들기 시작한 것이 올레였다고 한다. 올레길의 탄생은 제주 여행의 축을 이동시킨 대사건이다. 서귀포의 관광단지를 중심으로 대형 호텔과 콘도에 머물며 용두암, 삼성혈, 성산포, 함덕 해수욕장 같은 정해진 여행지만을 들르다 서둘러 돌아가는 겉핥기식 여행에서 제주의 속살을 톺아보며 민가에 머무는 개별 여행으로 바뀐 여행의 혁명이다.

올레 열풍은 걷기 열풍으로 이어졌고, 매주 제주를 방문해서 일정 구간을 걷고 돌아오는 것을 반복하는 사람들이 늘었다. 서명숙 이사장이 올레길을 만들고 난 뒤 가장 기뻤던 일이 관광 비수기인 겨울철에 일자리가 없어 쉴 수밖에 없는 호텔과 리조트 청소 노동자들이 관광객이 1년 내내 끊이지 않아 계속 일할 수 있게 된 일이라고 했다. 이처럼 길은 사람을 불러오고, 일자리를 만들며, 새로운 활력을 불러온다. 다른 지자체들의 벤치마킹이 이어졌고, 전국에는 수백 개 이상의 길들이 탄생했다. 올레길이 불러온 나비효과다.

1) 왜 길은 사람을 끌어들이나

대관절 길이 무엇이기에 사람을 불러오는 것일까? 우리의 삶이 설명해 준다. 2022년 7월 기준 한국인의 90% 이상이 도시에서 살고 있다. 빽빽한 도시에서의 삶은 그 자체로 큰 스트레스가 된다. 각각의 요구와 욕구와 욕망을 가진 존재가 눈을 움직이며 자신의 욕망을 실현하고자 한다. 문제는 욕망이 대개 비슷하기 때문에 충돌은 필연적이다. 주변을 감싸는 타자의 조밀한 존재만으로 압력

을 받기 쉽다. 더불어 자신이 속한 조직에서 생기는 인간관계가 주
는 압력은 결코 덜하지 않다. 사람으로부터 압력을 받고 상처를 받
기 쉬운 존재들이 도시에 모여 살고 있다.

압력을 낮출 수 있는 가장 손쉬운 방법이 바로 걷기다. 리베카 솔
닛(Rebecca Solnit)의 책 『걷기의 인문학』은 왜 걷기가 매력적인 삶
의 방식인지 역사를 거슬러 올라가며 설명한다. "아무 일도 안 하
는 제일 좋은 방법은 무슨 일을 하는 척하는 것이고, 아무 일도 안
하는 것에 가장 가까운 일은 걷는 것이다. 인간의 의도적 행위 중에
육체의 무의지적 리듬(숨을 쉬는 것, 심장이 뛰는 것)에 가장 가까운
것이 걷기다. 걷기는 일하는 것과 일하지 않는 것, 그저 존재하는
것과 뭔가를 해내는 것 사이의 미묘한 균형이다."[15]

솔닛에 따르면, 우리는 걸을 때 생각에 빠지지 않으면서 생각을
펼칠 수 있으며, 걷기는 생각을 낳는다. 또한 풍경 속을 지나가는
일은 생각 속을 지나가는 일의 메아리이면서 자극제이고, 마음에
떠오른 생각은 마음이 지나간 풍경의 한 부분일 수도 있기 때문이
라는 것이다. 결국 생각하는 것은 뭔가를 만들어 내는 일이라기보
다는 어딘가를 지나가는 일일 수도 있고, 마음속에서 일이 일어나
려면 몸의 움직임과 눈의 볼거리가 필요하고, 결국 걷기는 수단인
동시에 목적이며, 여행인 동시에 목적지라는 것이다.[16]

무엇보다 걷기가 현대인에게 매력적인 것은 걷기가 느리기 때문
이다. 바쁜 도시적 삶에서 벗어나 느긋하게 자신을 되돌아보고 마
음을 정돈할 수 있는 최고의 방법이기에 걷기 여행은 최고의 힐링
의 수단으로 등극한 것이다.

[그림 3-12] 그리스 정교회 건물을 닮은 마태오의 집

2) 누가 기점 · 소악도에 건축 미술 순례길을 만들었나

주민 108명의 작은 섬 전남 신안군 기점 · 소악도. 인구 감소와 고령화로 인해 지역 소멸의 위험을 가장 크게 받고 있던 섬이었다. 하지만 순례길이 생긴 뒤로 관광객이 몰려들고, 고향을 떠난 사람들이 돌아오고 있다. 2021년 관광객만 5만 3,000명, 하루 평균 주민 수보다 많은 145명이 섬을 방문했다. 관광객이 거의 없었던 것과 비교하면 상전벽해의 변화다. 섬이 되살아난 것이다. 도대체 섬티아고라는 순례길은 누가 만든 것일까? 그 이름을 기억할 필요가 있다.

이낙연 전 전남지사가 재임하던 당시 전라남도는 '가고 싶은 섬' 사업을 브랜드 시책으로 정하고 6개 섬을 대상지로 선정했다. 2015년 4월 공모를 통해 전라남도의 섬 전문위원으로 경남 통영시

동피랑 벽화 마을 조성을 주도한 섬 기획 전문가 윤미숙 씨를 임명
했다. 기점 · 소악도는 2018년 전라남도의 '가고 싶은 섬' 사업에 선
정됐고, 윤미숙 전문위원의 아이디어를 통해 건축 미술 순례길을
만들자는 아이디어가 나온 것이다. 처음 윤 전문위원이 기점 · 소
악도에 갔다가 갯벌뿐인 섬을 어떻게 가꿀지 막막했으나, 마을 주
민과 소통한 결과 대부분이 교인이어서 순례길을 만들고 작은 예
배당을 만드는 것부터 시작하기로 결정했다고 밝혔다. 윤 전문위
원은 '육지와 단절된 채 보존한 섬의 문화, 생태를 해치지 않으면서
도 먹고 살기 어려운 섬 주민이 행복해지도록 하는 게 궁극적인 목
표이고, 가고 싶은 섬뿐 아니라 살고 싶은 섬을 만들고 싶다.'는 생
각으로 주민들과 소통했다고 한다. 노둣길이 모세의 기적에 비유
되고, 섬 주민 90%가 교회에 다닌다는 점에 착안해 예수의 '12사도'
명칭을 딴 순례길을 만들기로 했다는 것이다.[17]

[그림 3-13] 섬티아고 순례길을 기획한 윤미숙 전문위원

작가로는 김윤환, 이원석, 박영균, 손민아, 강영민, 김강 등 국내 유명 작가 6명과 요라이 아브라함 슈발, 브루노 프루네, 얄룩 마스 등 외국 작가 4명이 선정됐다. 이들은 1년간 섬에 거주하면서 작품을 만들었다. 대기점도 1번 예배당을 시작으로 5곳, 소기점도에 2곳, 소기점도와 소악도 사이의 노둣길에 1곳, 소악도에 1곳, 진섬에 2곳, 딴섬에 1곳 등 총 12km에 이르는 한국판 순례길을 완성했다.

[그림 3-14] 공사를 마치고 섬티아고 순례길을 답사한 작가들

3) 순탄치 않은 과정

하지만 길을 만들고 교회 건축물을 만드는 과정이 순탄하지는 않았다. 5개의 섬들이 각각의 이유로 자기들이 거주하는 섬에 게스트 하우스 등 중심 시설을 설치하고자 치열한 다툼을 벌였다. 2018년

11월에는 섬 주민들 간의 의견 조정이 도저히 불가능해 사업 취소가 잠정 결정되기도 했다. 보고를 받은 박우량 군수는 5개 섬의 대표 주민 14여 명을 군수실로 불렀다. 참석한 주민들에게 "오늘 여기 참여한 주민들은 서로 하고 싶은 말들을 모두 하고 서로 의견 통일될 때까지 집에 갈 수 없다."라고 하면서 군수실 문을 닫았다. 오후 3시경에 시작한 회의는 저녁 9시경이 돼서야 조율이 끝나 박 군수에게 면담을 요청했다. 주민들이 신안군의 결정대로 따르겠다고 약속하자 사업은 돌파구를 마련했다. 혹시라도 앞으로 같은 문제로 분란을 일으키는 사람은 섬 밖으로 나가도록 하겠다고 약속하고 참석자 모두가 서약서에 서명함으로써 사업이 다시 시작됐다.

작가들이 건축물을 설치하고자 하는 토지 확보가 또 다른 문제로 떠올랐다. 건축물이 위치할 토지가 전망이 좋은 곳이라서 지주들이 토지를 제공하기를 거부했다. 박 군수는 직원들과 함께 5개 섬을 방문하여 토지 주인을 개별적으로 면담해 다른 토지와 교환하거나 토지 제공자에게 군 보조사업의 우선 지원 등을 약속하여 건축물의 부지 문제까지 해결함으로써 사업이 순항할 수 있었다. 섬티아고 길 사업의 아이디어를 제공한 윤미숙 전문위원이 전라남도 근무를 마치고 고향 통영으로 돌아갈 계획이라는 것을 알게 된 박 군수는 김영록 지사와 윤미숙 전문위원에게 간곡히 부탁해 윤 전문위원을 신안군의 '가고 싶은 섬' 추진 단장으로 초빙함으로써 사업은 당초 취지와 부합하는 방향으로 완성됐다.

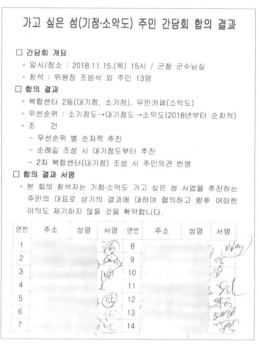

[그림 3-15] '가고 싶은 섬' 주민 간담회 합의 결과

4) 적막과 고요, 그리고 찬연한 조화의 아름다움

2022년 2월, 필자는 지식협동조합 좋은나라 회원 10여 명과 섬티아고 여행을 기획했으나, 가족이 코로나에 걸려 정작 기획자인 필자는 참여하지 못했다. 회원들이 카톡으로 보내온 사진을 보면서 부러움으로 몸살 앓았을 만큼 사진의 풍광은 아름다웠다. 서울에서 회원들이 올린 사진을 보며 상상 여행하는 것만으로는 여행의 감각을 만 분의 일도 느낄 수 없었다. 2022년 7월이 시작하자마자 호주에서 여행 온 20대의 조카 산과 섬티아고 답사에 나섰다. 전날 목포에 도착해 한옥 게스트하우스 목포 1935에서 숙박한 뒤 압해도 송

공 항에서 9시 30분에 출발하는 여객선을 타기 위해 길을 나섰다. 송공 항에는 순례길 답사를 위해 모여든 10여 명의 관광객들이 들뜬 표정을 감추지 못했다. 자동차를 실을까 하다가 매표소에 붙은 자동차를 가지고 오지 말라는 주민들의 호소문을 읽고 단념했다.

승선한 금일 페리 2호는 50여 년은 된 듯한 노후한 배였다. 99t으로 73명의 정원과 자동차 20여 대를 실을 수 있는 차도선. 하루빨리 폐선하고 새로운 배를 건조하지 않으면 안 될 것 같은 생각이 들었다. 염려로 잠시 심란한 사이 배는 출발했고, 천사대교 밑을 지나갔다. 장대한 다리 아래를 통과하는 것은 큰 심미적 만족감을 주었다. 안치윤 대표가 우리를 위해 마련해 준 샌드위치와 샐러드를 맛보며 바닷바람과 푸른 물결을 맘껏 음미했다. 배만 좋았다면 지중해 크루즈 못지않은 경험이 될 듯했다. 수심이 얕은 바다를 항해하는 배는 가까운 섬들을 상당히 우회하며 접안을 반복했다. 첫 번째 섬 소악도에 다다르자 몇 명의 여행자들이 내렸고, 배는 몇 번을 더 기착한 뒤에 대기점도에 당도했다. 그리스 산토리니 풍의 첫 번째 건축물인 베드로의 집을 봤다. 갯벌을 배경으로 푸른 하늘이 펼쳐져 있고, 그 앞으로 흰색과 코발트색의 예배당이 찬란하게 빛났다. 기념사진을 찍고 곧바로 전기 자전거를 빌려서 여행을 시작했다. 900m 더 가서 안드레아의 집, 또 더 달려서 야고보의 집에 도착했다. 건축 미술 곁에는 붉은색 지붕을 한 벤치가 놓인 것이 인상적이었다. 걷느라 지친 순례자의 쉼터이고, 건축물이나 자연을 찬찬히 살펴볼 수 있는 위치에 놓인 것도 배려 깊은 설계로 보였다. 여행자는 하나의 건축물을 만날 때마다 새로운 풍경을 만나고 새로운 생각에 빠져든다.

5) 키치와 아름다움의 경계

노둣길이 열린 병풍도로 향했다. 수탉의 볏을 연상케 하는 맨드라미의 붉은색을 지붕에 색칠한 집들이 충격으로 다가왔다. 파란 하늘과 녹색의 논, 그리고 다소 밝은 주홍색의 대문과 지붕이 대조를 보였다. 마을 뒤에 우뚝 솟은 맨드라미 정원을 올라 넓게 펼쳐진 갯벌을 봤다. 누군가의 큐레이션을 통해 새롭게 만들어진 마을의 모습이 어색하지 않았다. 마을 주민의 입장에서 마을이 밝고 화사해지고 관광객들이 찾아오니 자부심이 느껴질 듯했다. 자칫 어색해 보일 수 있는 색깔 칠하기가 성공한 것은 '의도'를 가지고 '과감하게' 시도했기 때문으로 보인다. 명확한 의도는 '주민의 삶의 질을 높이는 행정'으로 보였고, 과감한 시도는 주저함 없이 온 마을을 같은 색깔로 칠하는 통일성으로 드러났다.

스스로 온전한 자연 속에 인공적인 공공미술을 설치하는 것은 위험스러운 일이 될 수 있다. 자연의 아름다움을 멀리 후경으로 밀어내고 인공물의 감각적 두드러짐만 뾰족하게 튀어나올 수 있기 때문이다. 이런 경우 '키치스럽다'는 평가를 받는다. 키치는 저급 예술작품을 뜻하는 말로, 19세기 후반 단체로 이탈리아에 온 여행객을 위해 상투적으로 제작된 그림을 키치라고 불렀다고 한다. 아도르노에 따르면, 키치는 "지난날에는 미였으나 그 대립자의 결여로 인해 미에 대한 모순을 이루게 된 것"이다. 자신 안에 추의 계기를 지니지 않아서 추와의 어떤 긴장도 상실해 버린 미, 즉 아름다움이라고 이미 규정된 요소들로만 채워져 있는 예술작품은 더 이상 아름다움일 수 없다는 것이다. [18]

　이런 미는 장소와 주민에 대한 철저한 조사가 있었기에 획득될
수 있었다고 보는 것이 합리적이다. 왜냐하면 장소에 부적합하거
나 주민들의 삶의 조건과 동떨어져 있는 미술품은 키치스러울 수
밖에 없기 때문이다. 타자의 시선으로 강요된 미, 즉 이것이 예술이
니 받아들이라고 제시한 미술품은 '아름다움이라고 규정된 요소들'
로만 채워지기 쉽다. 장소와 주민의 삶과의 텍스트성이 공공미술
을 키치가 아니라 예술로 자리매김하게 했다면, 12개의 작은 교회
건축물은 여러 섬과 함께 반짝이는 아름다움이라는 명예를 부여
받기에 부족함이 없다.

[그림 3-16] 프랑스 몽쉘 미셸을 연상시키는 가롯 유다의 집

문화일보 박경일 기자는 섬티아고를 답사한 뒤 이런 평을 내놓았다. "이런 예배당의 건축이 놀라운 것은 건축물들이 저 스스로의 아름다움을 넘어서, 섬 전체의 경관에 탄력과 긴장을 부여한다."[19] 자연이 건축물과 조화를 이루고 그 안에서 팽팽하게 긴장감을 유지하는 것, 그것이 아름다움이다.

기점·소악도를 구성하는 섬들은 하루에 두 번 썰물 때면 섬과 섬을 잇는 노둣길로 연결된다. 노둣길은 섬과 섬을 걸어다니고 싶어 한 섬 주민들이 돌을 던져 만든 낮은 다리다. 외로움에서 벗어나고 싶어 한 주민들의 간절한 소망이 담긴 구조물이다. 한국판 '모세의 기적'이라 불릴 만한 경이로운 광경을 만들어 내는 노둣길은 병풍도와 신추도까지 합치면 길이가 2km나 된다고 한다. 기점·소악도 주변의 갯벌은 유네스코 생물권보존지역과 람사르 습지, 갯벌 도립공원으로 지정됐을 정도로 생태적 보존 가치가 높다. 제작에 참여한 국내외 작가들은 마을 사람들과 격의 없이 지냈다고 한다. 이들은 섬에서 구할 수 있는 절구 등을 작품에 많이 활용했으며, 8번 예배당은 러시아 정교회 모습을 닮았지만, 섬 특산품인 양파를 형상화했다. 10번 예배당은 과거 폐어구들이 쌓여 악취가 심한 쓰레기장이었지만 예배당 건물 설치를 계기로 주변이 깔끔하게 바뀌었다. 관광자원 개발이 섬 환경 개선 효과로도 이어졌으니 주민들이 환영하지 않을 수 없다.

5. 계속되는 신안군의 1도 1뮤지엄 사업

세계적인 예술가의 작품과 건물들이 줄줄이 들어서게 되는 1도 1뮤지엄 사업이 자칫하면 지역 정체성을 등한시할 위험은 없을까? 저녁노을 미술관의 이승미 관장은 지역에 기반을 둔 예술과 세계적 예술이 잘 결합돼야 1도 1뮤지엄 사업이 성공할 것이라 진단했다. 이 관장은 1도 1뮤지엄 사업이 기본적으로 '공도'를 막는 지역 활력 사업이라며, 세계적 예술과 지역 예술이 투 트랙으로 가야 한다고 주장했다. 관람객을 세계적 예술로 끌어들이고, 지역을 여행하다가 지역 예술을 만나 감동을 느끼게 되기를 기대하고 있었다. 2022년 7월 기준, 신안군의 1도 1뮤지움 아트프로젝트 추진 현황은 〈표 3-1〉과 같다.

이런 맥락에서 이 관장이 관심 있게 보는 것은 신안 출신의 민중 예술가 홍성담의 작품을 중점적으로 전시하게 될 신의도 동아시아 인권평화 미술관이다. 홍성담은 1980년에 발생한 5·18 민주화 운동에 직접 참여하며 시대정신과 밀접한 판화작업에 매진한 작가다. 그는 '민족민중미술운동전국연합(민미연)'을 결성하는 등 예술가들과 함께 〈민족해방운동사〉라는 연작 걸개그림을 그리며 현실 참여 미술의 세계를 개척했다. 이 관장은 홍성담의 민중예술이 주가 되겠지만, 동아시아 민중예술가들의 작품이 전시되는 글로벌 플랫폼 역할을 수행할 것으로 기대한다고 말했다.

김대중 전 대통령의 고향인 하의도에는 대한민국 정치역사 아카이브홀이 들어설 예정이다. 한국 정치사의 대표적인 장면들을 담은 사진들을 통해 민주화의 긴 여정을 조명하게 된다. 하의도에는 이미 천사상 미술관이 만들어졌다. 50cm~3m의 천사 조각상 318점과 기념 조형물 3점이 하의도의 여기저기에 설치됐다. 울타리 없는 미술관으로 하의도 전체가 천사공원으로 조성돼 주변의 김대중 대통령 생가, 큰바위 얼굴 등과 함께 방문객의 시선을 끌고 있다. 김대중 전 대통령이야말로 신안이 배출한 걸출한 세계적 정치인이 아닌가.

세계적인 설치미술가 올라퍼 엘리아슨이 설계한 대지의 문화시설이 도초도에 들어선다. 올라퍼 엘리아슨은 런던의 테이트 모던 미술관에 저압 나트륨 램프 200개로 거대한 태양을 만든 '날씨 프로젝트(Weather Project)'로 평론가의 호평을 받았고, 전 세계의 주요 도시에 작품을 설치한 미술가다. 전국에서 가져다 심은 팽나무들이 숲을 이루는 길을 지나 수국공원의 맨 꼭대기에 만들어질 대지의 문화시설은 주변을 둘러볼 수 있는 전망대 역할을 할 것으로 보인다.

연륙교로 육지와 이어진 임자도에는 조선시대 화가 우봉 조희룡 미술관이 완공됐다. 임자도에 유배 와 3년간 생활한 조선후기 화가 조희룡의 생애와 함께 임자도에서 남긴 작품들과 섬에서 경험한 섬 문화에 대한 다양한 기록물을 전시하고 있다. 우봉의 홍매화 그림과 더불어 한국 최고의 미디어 아티스트 이이남의 작품이 설치돼 있다.

〈표 3-1〉 신안군의 1도 1뮤지엄 아트프로젝트 추진 현황(2022년 7월 기준)

완공(14)		추진 및 계획 중(11)	
압해읍	저녁노을 미술관	압해읍	황해교류 역사관
증도면	신안갯벌 박물관		무형문화유산센터
자은면	1004섬 수석미술관	자은면	인피니또 뮤지엄
	세계 조개박물관	비금면	바다의 문화시설
	신안 자생식물연구센터	도초면	대지의 문화시설
비금면	이세돌 바둑박물관	하의면	대한민국 정치역사 아카이브홀
흑산면	박득순 미술관	신의면	동아시아 인권평화 미술관
	철새 박물관	안좌면	플로팅 미술관
	새공예 박물관	신의면	한국춘란 박물관(계획 중)
하의면	천사상 미술관	지도읍	자수 박물관(계획 중)
안좌면	세계화석광물 박물관	자은면	복합문화관광타운(계획 중)
암태면	에로스서각 박물관		
임자면	조희룡 미술관		
장산면	화이트 뮤지엄		

[그림 3-17] 1도 1뮤지엄 아트프로젝트 현황 지도(2022년 7월 기준)

지도읍에는 자수 문화예술 명인인 이미려 여사의 작품을 전시하고 기술을 전수하는 자수 박물관이 세워질 예정이고, 신안갯벌 박물관은 이미 엘도라도 리조트 옆에 세워졌다. 자은도에는 곧 완공될 인피니또 뮤지엄과 더불어 1004섬 수석미술관과 세계 조개박물관이 운영 중이며, 공항 건립으로 접근성이 획기적으로 좋아질 흑산도에는 동양화가 박득순의 사설 미술관, 철새 박물관과 새공예 박물관이 완성돼 운영 중이다. 장산도에는 장산 화이트 뮤지엄이 완성되었다. 장산도가 낳은 화가, 서예가 등 예술가들의 작품을 전시하고 있다. 안좌도에는 세계화석광물 박물관이 완성됐고, 암태면 신석리에는 폐교를 리모델링하여 에로스서각 박물관을 운영 중이다.

끝으로 바다 전망이 일품인 압해읍에 위치한 저녁노을 미술관은 우암 박용규 화백의 작품을 상설 전시하고 있다. 저녁노을 미술관의 이승미 관장은 신안의 섬이 시작되는 압해도에 위치한 저녁노을 미술관이 1도 1뮤지엄 사업의 중심 박물관 역할을 하게 될 것이라고 예상했다. 24개의 뮤지엄에서 전시되는 내용을 종합하거나 전시품을 순환 전시하는 등 핵심적인 중추 역할을 맡게 될 것으로 보인다. 압해도에는 신안 보물섬의 유물 20,000여 점을 전시하게 될 황해교류 역사관과 무형문화유산센터가 건립된다.

신안군은 1도 1뮤지엄 프로젝트가 2,605억 원의 생산 유발 효과, 1,102억 원의 부가가치 유발 효과, 3,386명의 취업 유발 효과를 낼 것으로 예상하고 있다. 하지만 세계적으로 유례가 없는 미술관의 집중 설립으로 파급 효과는 상상하기 어려울 정도로 클 것으로 보인다. 일본의 나오시마와는 전혀 다른 새로운 예술섬의 자리를 차지할 것이다.

보랏빛 섬이 온다

제4장

나오시마 예술섬과
에치고 츠마리
대지예술제

홍경수(아주대학교 문화콘텐츠학과 교수)

인구가 줄고 고령화가 심각한 지역은 미래가 불투명하다는 진단에 불안하다. 일본에서 제안된 지역 소멸이란 용어를 그대로 한국에 적용한 학자의 주장을 정부도 그대로 수용한 결과다. 하지만 지역 소멸이 손쉽게 일어나기 어렵다는 주장도 있다. 박진도 교수는 "수도권의 인구 집중도는 한국이 50.24%(일본 30.12%)로 높고, 2021년 한국의 출생률은 0.81명(일본은 1.34명)으로 세계에서 가장 낮다며, 이대로 가면 언젠가 우리나라 자체가 소멸할 것이다."고 주장한다. 그는 지방이 소멸하는 일은 결코 일어나지 않으리라 확언했다. '지방소멸론'으로 내세운 근거가 한국과 일본 모두 젊은 여성 인구의 감소이기 때문이다.

한국고용정보원의 보고서에서는 소멸위험지수(20~39세 가임여성의 인구수를 65세 이상 노인 인구수로 나눈 값)가 0.5 이하인 지역을 소멸위험지역으로 파악하고, 소멸위험지수가 낮을수록 소멸 위험이 높다고 주장한다. 여성 인구와 출생률이 감소하면 인구 감소는 피할 수 없지만 인구가 감소한다고 해서 지방자치단체가 소멸할 이유는 없고, 더욱이 지자체가 소멸한다고 지방이 소멸할 이유는 없다. 지방에 사람이 살고 있는 한 지방은 소멸하지 않는다는 것이다.[1] 이런 이유 말고도 지역 소멸과 반대되는 결과를 가져온 다양한 사례가 존재한다. 예술로 지역을 살리려는 기획들이다. 이 장에서는 한국의 여러 지자체에서 벤치마킹을 시도한 나오시마(直島) 예술섬 프로젝트와 에치고 츠마리(越後妻有)의 대지예술제에 대해 살펴보기로 하자.

1. 나오시마 예술섬 프로젝트

일본의 예술섬 나오시마(直島)를 방문한 적이 있다. 일본의 네 번째 섬이라는 뜻의 시코쿠(四國)의 다카마츠(高松)항에서 1시간가량 떨어져 있는 나오시마는 예술섬 프로젝트로 세계적인 관광지로 성장한 곳이다. 본섬 혼슈와 시코쿠 사이를 둘러싼, 이른바 일본의 지중해라 할 수 있는 세토내해(瀨戶內海)는 호수처럼 잔잔하다. 예술섬의 기둥이라 할 수 있는 나오시마를 중심으로 동쪽으로는 테시마(豊島), 이누지마(犬島), 오기지마(男木島), 메기지마(女木島), 오시마(大島), 쇼도시마(小豆島), 샤미지마(沙弥) 등이 있고, 서쪽으로는 이부키지마(伊吹島), 혼지마(本島), 다카미지마(高見島), 아와시마(粟島)가 자리하고 있다. 이 섬들 역시 폭넓은 의미의 나오시마 예술섬에 포함된다.

이 예술섬에서 2010년부터 3년에 한 번씩 세토우치 트리엔날레라는 미술제가 열린다. 2019년에는 100만 명이 넘는 방문객이 찾았다고 하니, 예술의 힘은 놀랍다고 하겠다. 인구가 줄고, 노령화도 심각한 이곳이 어떻게 많은 관광객을 끌어들였을까? 나오시마를 비롯하여 테시마, 이누지마 등의 섬들은 공장 배출물과 처리되지 않은 생활하수와 농약 때문에 화학물질의 뻘탕이 됐다. 매년 생업을 포기하고 인근 공장으로 취직해 가는 어민들의 수는 늘어만 가고 있었다. 일본의 해양 보물창고라 불리던 이곳은 일본 해안 하수구라 불렸다.[2] 나오시마는 어떻게 산업폐기물을 처리하는 하수구에서 지역 재생의 성공 사례로 거듭났는지 과정을 살펴보자.

1) 자본, 예술가 그리고 주민 참여의 삼위일체

정직하고 순박한 사람들이 산다고 해 나오시마(直島)라고 불린 섬 북쪽에 1917년 미쓰비시광업이 제련소를 건설한 후 70여 년간 구리 제련소에서 나오는 연기와 폐기물로 섬은 황폐해졌다. 이 과정에서 미쓰비시는 제련소를 후쿠시마로 옮기려는 시도를 했고, 주민들의 강력한 요청에 따라 그대로 나오시마에 잔류하기로 했으나, 노동자를 줄이고 대신 산업폐기물을 처리했다. 미쓰비시가 차지하는 경제 비중이 높았기에 미쓰비시의 방침을 묵인할 수밖에 없었던 나오시마는 말 그대로 산업폐기물로 뒤덮인 곳이 된 것이다. 1960년대 후반 7,800여 명이던 인구도 1980년대 중반 무렵 절반 이하로 줄었다.

1980년대 말, 출판그룹 베네세의 회장인 후쿠다케 소이치로(福武總一郎)는 타계한 아버지 후쿠다케 데쓰히코(福武哲彦)의 뜻을 이어받아 고향인 나오시마를 문화예술의 섬으로 개발하겠다는 뜻을 밝혔다. 오카야마 태생으로, 초등학교 교사 출신인 선친 데쓰히코는 세토내해에 있는 섬에 전 세계의 아이들을 모을 수 있는 장소를 만들고 싶다는 생각으로 나오시마 남쪽의 땅을 사들여 캠프장을 지으려는 계획을 세웠다. 어린이들에게 자연과 예술을 접목한 빼어난 환경 속에서 자랄 기회를 제공해 주려던 것이었다. 이후 1986년 그가 사망한 후 그의 후계자인 아들 후쿠다케 소이치로, 현 베네세 그룹 회장이 그 의지를 이어 갔다. 1987년 섬 남쪽의 땅을 사들이고 1988년에 '나오시마 문화촌 구상'을 발표했다.

많은 사람이 나오시마 성공의 결정적 계기를 베네세라는 대자본과 안도 다다오라는 건축가에게서 찾지만, 주민들의 자발적인 노력은 간과되고 있다. 예술섬 나오시마의 첫걸음은 초대 나오시마 정장(町長)으로 1959년에 부임해 1995년까지 36년간 9기에 걸쳐 재임한 미야케 치카츠구(三宅親連) 씨에게서 찾아야 한다. 미야케 씨는 1960년대 후반 섬을 북쪽은 산업지역, 섬의 관문인 미야노우라항 인근의 중심권역은 생활교육 영역, 동부의 혼무라(本村)와 남쪽의 고단지 마을 지역은 문화예술리조트 영역 등으로 나눠 개발하고자 했다. 하지만 정작 돈이 없었던 미야케 정장은 가가와(香川)현 공무원들의 협조를 받아 주변 지역의 기업가들을 찾아다니며 계획을 설명하고 투자를 호소했다.

이와 함께 미야케 정장은 나오시마 초등학교와 중학교의 리모델링에 착수, 1970년대 초반 당시 일본의 유명 건축가인 이시이 가즈히로시(石井和紘)에게 의뢰해 나오시마 초등학교와 중학교를 예술적인 면모를 갖춘 학교로 재탄생시켰다. 물론 이 학교는 미쓰비시 직원들의 자녀 교육의 만족도를 높이기 위한 투자이기도 했다. 이같은 노력에 감격한 후쿠다케 대표가 1980년대 들어 섬에 투자를 결정하게 되고, 미야케 정장과 후쿠다케 대표가 섬에 청소년 문화시설을 만들기로 약속했다. 후쿠다케 대표가 타계한 뒤 그의 아들

인 후쿠다케 소이치로 회장이 1989년에 국제 어린이캠프장을 완성
한 후 1990년대 초반부터 세계적 건축가인 안도 다다오와 손잡고
본격적으로 예술의 섬 프로젝트에 착수한 것이다.[3] 결국 섬 주민
들의 간절한 소망과 노력이 자본가를 움직였고, 건축가를 움직이
게 했다.

2) 안도 다다오, 쿠사마 야요이, 니시자와 류웨

　베네세 그룹으로부터 예술섬 프로젝트를 제안 받은 건축가 안도
다다오(安藤忠雄)는 대표적인 작품으로 손꼽히는 지추미술관(地中
美術館)[4]을 비롯해 베네세 하우스, 오벌, 베네세 파크, 이우환 미술
관을 나오시마에 건립했다. 안도 다다오가 없는 나오시마는 상상
할 수 없다. 지추미술관은 글자 그대로 땅속에 미술관을 건설해서

[그림 4-1] 기하학적 형상이 인상적인 안도 다다오의 지추미술관

특별하다. 노출 콘크리트 공법으로 유명한 안도 다다오는 지추미
술관에 클로드 모네, 제임스 터렐, 월터 드 마리아의 작품을 어떻게
담아낼지 고민하며 설계했다. 필자가 방문했을 당시 안도가 설계
한 베네세 하우스 숙소에서 머물며 저녁에 제임스 터렐의 작품을
구경하는 '오픈 스카이' 프로그램에 참여했다. 예술적 감흥이 일어
서인지 쉽사리 잠에 들 수 없었던 기억이 새롭다.

　다카마츠항에서 페리를 타고 나오시마에 도착하기 전에 눈에 띄
는 조형물이 있다. 검정 점이 찍힌 대형 붉은 호박으로, 쿠사마 야
요이의 대표작이다. 근처에 노란 호박도 설치돼 있으며, 얼마 전 비
가 많이 와서 호박 조형물이 바다에 빠졌다고 해외 토픽 뉴스에 나
오기도 했다. 호박 조형물은 나오시마를 상징하는 아이콘으로 떠
올랐고, 수많은 기념품도 호박 모형으로 판매하고 있다. 방문객은

[그림 4-2] 나오시마의 마스코트가 된 쿠사마 야요이의 노란 호박

나오시마에 도착하자마자 예술과 마주하게 된다. 눈앞에 펼쳐진
모든 것이 예술이라는 이름을 갖고 있는 섬에 머문다면 그 시간은
온전하게 예술에 침윤하는 시간일 것이다.

안도 다다오라는 건축가의 작품 외에도 니시자와 류웨(西沢立
衛)와 세지마 카즈요(妹島和世)가 설계한 '바다의 정거장 나오시마'
(Marine Station Naoshima)는 나오시마에 도착하는 방문객을 맞이하
는 터미널이다. 벽을 투명한 유리창으로 만들고 직선으로 지붕과
기둥을 만들어서 경쾌하고 세련된 디자인의 여객선 터미널이 만들
어졌다. 흡사 미술관이나 박물관처럼 보인다. 주변의 섬들을 드나
들 수 있는 모항으로서의 기능을 수행하는 '바다의 정거장 나오시
마'는 우주로 나아갈 것만 같다. 니시자와 류웨는 근처의 테시마미
술관을 설계한 것으로도 유명하다.

테시마미술관은 가장 창의적인 미술관으로 손꼽힌다. 나오시마
에서 배를 타고 북쪽으로 이동하면 당도할 수 있는 테시마미술관
은 텅 비어 있음을 오브제로 전시하고 있다. 바다가 보이는 높은 언
덕으로 올라가면 작은 언덕들 사이로 몸을 숨긴 듯한 타원형의 납
작한 흰색 시멘트 건물이 보인다. 우주선 같기도 하고 방공호처럼
보이기도 하는 이 건물에 들어가기 위해서는 굽은 오솔길 같은 시
멘트 길을 걸어가야 한다. 점점 가까이 갈수록 미술관 건물이 모습
을 드러내고, 입구를 통해 미술관으로 들어간다.

20cm는 족히 되는 두께의 콘크리트 건물, 안도 다다오에게서 볼
수 있는 직선은 전혀 찾아볼 수 없다. 눈에 보이는 모든 것이 곡선
이다. 거대한 물방울이 지구에 떨어진 모습. 두 개의 커다란 동그
란 구멍이 파여 있어 완전히 실내도 아니고 실외도 아닌 독특한 니

시자와만의 공간이 만들어졌다. 뚫린 구멍으로는 파란 하늘과 푸릇푸릇한 나뭇잎이 보였다. 미술관 안에는 인공적인 예술품이 없다. 관람객 몇몇이 서 있거나 앉아서 무언가를 골똘히 바라본다. 매끈한 바닥 곳곳에서 물방울이 솟아오른다. 물방울은 바닥의 굴곡을 따라 흘러내린다. 흐르다가 다른 물방울을 만나 하나가 되기도 하고 다시 갈라지기도 한다.

물방울이 솟아나고 흐르는 아이디어는 나이토 레이(內藤禮)의 작품이다. 아무도 없는 텅 빈 공간에 물방울이 솟아나고 열린 공간으로는 하늘과 자연이 들어왔다. 침묵하며 물방울을 바라보니 흡사 태초에 생명이 탄생하는 순간을 목도하는 듯하다. 물방울들은 솟아나고 합종연횡하고 갈라지다가 사라진다. 공간을 채우는 것은

[그림 4-3] 텅 빈 공간에 물방울만 솟아오르는 테시마미술관

물방울과 관객. 이것이 참여형 예술이 아니고 무엇일까? 이 때문에 필자는 창의성 강의에 빠짐없이 테시마미술관을 소개했다.

니시자와는 물방울 형상의 미술관을 만든 데에 대해 각진 모서리가 없는 예술과 건축이 잘 조화된 건물을 만들고 싶었고, 그 당시 물방울 아이디어가 떠올랐는데, 주변의 세토내해와 호수 등과도 잘 어울릴 듯해 커다란 물방울 모양의 미술관을 만들었다고 했다.[5]

테시마에는 이외에도 크리스티앙 볼탕스키(Christian Boltanski)가 심장 소리 아카이브를 만들어서 사람들의 심장 소리를 녹음하여 전시하고 있다. 앞으로 사람의 영상과 목소리가 이 방식으로 저장된다면 새로운 방식으로 죽은 사람을 기억하는 공간이 될 수 있을 듯하다. 자연과 사람 그리고 예술과 건축이라는 요소들이 자연스럽게 조화된 테시마는 나오시마 예술섬의 중요한 일원으로 자리하고 있다.

3) 빈집 프로젝트, 이에(家) 프로젝트

예술은 외부에서 온 예술가들이 만든 미술관에만 머문 것은 아니다. 전통가옥을 예술가들이 새롭게 예술작품으로 만들기도 했다. 이에(家) 프로젝트는 혼무라(本村) 지역의 150~200년 된 집을 개조해 미술관으로 재탄생시키는 작업이다. 이 프로젝트는 주민의 예술 참여가 시작되고 현재도 진행 중이라는 점에서 나오시마의 진정한 예술 프로젝트다.

1997년 혼무라 지구의 한 주민이 주민 센터에 오래된 가옥을 기증하자 주민 센터는 베네세 그룹과 협의해 이 집을 하나의 미술작품으로 개조하기로 했다. 설치미술가 미야지마 타츠오(宮島達男)가 개조 책임을 졌고, 마을의 125세대 전 주민이 설치에 참여한 작품 '시간의 바다(Sea of Time)'가 마루에 설치되면서 1998년 3월 이에 프로젝트 제1호인 '카도야(角屋)'가 탄생했다. '모퉁이 집'이라는 의미의 카도야는 비로소 예술가와 기업, 섬 주민이 혼연일체가 돼 탄생시킨 작품의 효시가 됐다. 카도야의 탄생에 감명받은 건축가 안도 다다오는 이듬해 인근의 버려진 절터에 남은 허름한 건물을 개조해 제2호인 '미나미테라(南寺)'를 만들었다. 내부에 설치된 작품은 제임스 터렐의 '달의 뒷면'으로, 완전한 암흑의 공간에서 한 발자국도 앞으로 나아가기 힘들지만, 서서히 어둠에 익숙해진 인간의 눈에 희미한 빛이 감지되면서 숨통이 트이는 작품이다.[6]

옛날 치과의사의 병원이자 집이었던 '하이샤(齒醫者)'는 함석판을 덕지덕지 붙여 놓은 2층 집으로, 치과의사의 삶의 흔적을 고스란히 보존해 놓아서 생활박물관처럼 보였다. 오타케 신로가 작업한 'I♥湯'은 오래된 대중탕에 예술적 흔적들을 차곡차곡 쌓아서 다소 키치스럽지만 매력 있는 공간으로 만들었다. 이곳에서는 실제로 목욕을 할 수 있어서 생활과 미술의 멋진 접합을 맛볼 수 있다.

이에 프로젝트는 마을의 곳곳에 자리하고 있기에 지도를 보고 하나하나 찾아가는 과정에서 방문객들은 마을을 자연스레 탐험하게 된다. 탐방의 과정을 통해서 방문객들은 섬과 주민들을 더 잘 이해할 수 있게 된다. 무엇보다 미술관이 아닌 주민들의 집을 미술의 공간으로 재조명한 것에서 주민의 삶에 대한 존중이 돋보인다. 평범하게 보아 넘기기 쉬운 주민의 삶을 제대로 조명한다면 그것 자체도 멋진 예술일 터다.

[그림 4-4] 옛 치과병원을 작품으로 만든 이에 프로젝트 '하이샤'

이에 프로젝트 작품을 본 뒤에 동네의 카페를 찾았다. 주방과 객실을 가르는 기다란 테이블이 놓여 있고, 앞뒤로 바텐더와 손님들이 마주하며 이야기를 나누고 있었다. 바리스타 혹은 바텐더들 중 상당수는 외국인이었다. 이들은 나오시마가 좋아서 이곳을 찾아와 일을 하고 있다는 것이었다.

나오시마는 예술섬으로 지향성을 확실하게 했고, 방문객은 섬을 방문하는 것만으로도 예술에 휩싸이는 독특한 경험을 하게 된다. 예술적인 경험이 필요한 사람들은 이 섬을 방문하여 머물며 예술에 푹 젖을 수 있다. 예술로 방문객을 끌어들이고, 주민의 삶을 예술과 혼용시키자 밀도가 생겼다. 밀도는 끄는 힘을 가지게 되고, 먼

[그림 4-5] 많은 외국인이 거주하며 일하는 나오시마 카페

나라에 사는 젊은이들을 이 섬에서 일하며 머물도록 만든 것이다. 예술의 인력이 얼마나 대단한지 확인하는 순간이었다.

2. 에치고 츠마리의 대지예술제

1) 유럽의 도시 재생과 예술

예술을 통해 지방에 활력을 불어넣으려는 시도는 유럽에서 활발하다. 일본의 다양한 시도 역시 유럽의 사례에서 힌트를 얻었다고 평가되기 때문이다. 공공미술 프로젝트의 효시로 알려진 독일 중부 도시 뮌스터의 조각 프로젝트가 손꼽을 만하다. 1977년 뮌스터에서 미국 키네틱 작가 조지 리키(George Rickey)의 〈세 개의 회전하는 사각형(Drei Rotierende Quadrate)〉이라는 작품을 설치하려고 하자 주민들이 항의했다. 이를 해소하기 위해 대대적인 공공미술에 대한 논의가 시작됐다. 당시 베스트팔렌 주립박물관의 관장이었던 클라우스 뷔스만(Klaus Buessmann)과 쾰른의 루드비히 미술관의 큐레이터였던 카스퍼 쾨니히(Kasper König)는 주민들과의 합의로 전시를 이끌어 냈고, 이것이 뮌스터 조각 프로젝트의 시작이었다.

1977년 이래 10년마다 열리는 프로젝트는 조용한 도시 전체를 현대미술의 전시장으로 바꾸어 놓았다. 프로젝트를 위해 작가들이 도시에 직접 머무르며 제작한 작품들은 프로젝트가 끝나면 원칙적으로 작가에게 반납된다. 하지만 시 정부나 사회단체, 기업 또는 개별 후원자가 작품을 선별하여 매입할 수 있다. 지방자치단체와 연방정부의 기금, 기업과 개인의 후원을 통해 이루어지는 막대한 예산이 부담이지만, 자전거를 타고 작품을 찾아다니는 행렬과 도시 곳곳에 설치된 작품이 늘수록 주민들의 자부심도 커졌다. 즉, 뮌스터 조각 프로젝트는 작품의 제작, 전시, 설치, 감상의 전 과정을 통해 시민들과의 적극적인 소통을 이끌어 냈다.[7]

10년이라는 다소 긴 간격을 두고 펼쳐지는 예술제이기는 하나, 예술제가 끝나고 나면 도시 곳곳에 멋진 조각작품이 들어서고 시민들의 사랑을 받는 과정은 시민들과 예술작품이 친해지는 시간임을 고려하면 결코 긴 시간이라고만 할 수는 없다. 오히려 10년이라는 긴 간격을 두고 장기적으로 준비하고 토론하는 과정을 거쳐 도시의 결을 해치지 않는 전시작품의 설치가 가능해지지 않았을까? 그 과정을 통해 주민들의 삶으로 예술이 자연스럽게 스며들 수 있

지 않을까 생각해 본다. 한국의 도시들이 저마다 성급하게 예술 이
벤트를 개최하고 있는 시점에 10년 만에 열리는 긴 호흡의 뮌스터
조각 프로젝트는 눈여겨볼 만하다.

2) 산업 유산의 예술적 재생

2015년 연말에 30년 전 연수를 다녀왔던 독일 두이스부르크
(Duisburg)를 방문했다. 30년이 지났는데도 홈스테이 했던 동네와
집은 그대로 변함없었다. 다만 가족들이 나이가 들었을 뿐. 30년의
시간이 흐르는 동안 변화는 또 있었다. 라인강의 기적의 핵심 지역
인 루르 지방의 한가운데에 위치한 두이스부르크 인근에 큰 변화
가 일어났다.

홈스테이 가족들은 한국에서 온 나에게 가소미터(Gasometer)
를 보여 주고 싶어 했다. 루르 지방의 중심 공업 도시인 오버하우
젠(Oberhausen)의 대형 가스탱크로 향했다. 1920년에 산업용으
로 만들어진 가스탱크는 높이 117m, 폭 67m의 규모로 40층 건물
높이를 자랑한다. 오버하우젠에는 루르 지방 최초로 제철소가 설
립됐고, 석탄광산에 의존해 왔으나 에너지 소비의 변화가 본격화
된 1980년대를 전후로 대규모 실직과 인구 감소의 후유증을 겪었
다. 오버하우젠이 선택한 것은 문화에 의한 변화였다. 폐허로 변한
광산, 제철소가 혁신적인 건축문화로 디자인되고, 노후 주택 개량
과 도시 재개발 계획에 문화와 환경이 우선순위로 고려됐다. 결국
2010년 루르 지방은 유럽의 문화 수도로 지정됐다. 오버하우젠의
가스탱크는 이런 문화 프로젝트의 상징인 셈이다.

　1층에는 전 세계의 미의 역사를 보여 주는 기획전시가 진행 중이었다. 세계의 미술작품 중에서 미에 대한 예술가들의 고민을 담은 모작들을 전시했다. 진품은 아니었지만 기획 의도가 좋아서 볼 만했다. 2층에 올라서자 40층 건물 높이의 거대한 탱크의 안쪽이 드러났다. 탱크 안쪽 벽은 거대한 스크린이 돼 다양한 조명이 나타나기 시작했다. 벽 아래쪽에 여러 개의 프로젝터들이 설치돼 벽 스크린에 영상을 쏘는 방식이었다. 관객들은 커다란 쿠션에 몸을 눕히고 누워서 작품을 감상했다. 오랫동안 유독가스를 담고 있던 죽음의 공간, 독일 경제 발전을 추동한 산업의 공간이 상상력을 자극하는 문화예술 시설로 변화됐다는 것은 매우 극적이었다.

　1993년 리모델링이 완료되고 다음해에 열린 첫 전람회에 50만

[그림 4-6] 가스탱크를 미술전시관으로 바꾼 독일 오버하우젠의 가소미터

명의 방문자가 모여들어 큰 호응을 얻었다. 그 후 세계 비디오 미술의 거장으로 백남준과 함께 작업했던 빌 비올라(Bill Viola)도 이곳에서 비디오-사운드 설치작업을 선보였으며, 2013년 3월에는 독일 베를린의 국회의사당, 프랑스 파리의 퐁네프 다리를 천으로 완전히 감싸는 독특한 조형작업을 해 온 설치미술가 크리스토(Christo)가 풍선 조형물인 '빅 에어 패키지(Big Air Package)'를 가스탱크 안에 설치하여 큰 화제를 불러일으키기도 했다. 이제 오버하우젠의 가스탱크는 지역 주민들의 자부심의 상징이 됐다.

가스탱크를 재활용한 사례는 오스트리아에도 있다. 비엔나에 도시가스를 공급하던 가스탱크를 아파트와 기숙사 공연장으로 개조한 것이다. 이 가스탱크는 도시가스를 저장하는 시설이었으나 폐쇄된 후 폐기냐, 재활용이냐의 갈림길에 섰다가 여러 가지 기능을 가진 복합시설로 거듭나게 됐다. 1989년 비엔나의 건축가 만프레드 베도른 교수가 낸 가스탱크 재활용 아이디어를 비엔나시가 받아들이고 은행 등이 투자하여 주상복합시설을 만든 것이다. 1,600t 무게의 강철 원형 지붕을 떼어 내 분해하고 새로 단장한 다음, 17,000개 이상의 나사로 4개의 가스탱크 지붕을 올려 2001년 10월 비엔나를 대표하는 복합시설로 변신시켰다. 가스탱크 4개는 600여 호의 주거용 아파트와 247개의 학생 기숙사, 유치원, 비엔나시의 연방기록 보관소, 쇼핑센터, 음악홀, 영화관, 음식점 등으로 바뀌었다.

독일 오스트리아뿐만 아니라, 런던의 테이트 모던(Tate modern) 역시 화력발전소를 미술관으로 탈바꿈시켜 지역 경제를 살린 신화가 됐다. 미술이라는 장르에서 프랑스나 이탈리아 등에 비해 뒤처져있었던 영국은 테이트 모던 미술관의 설치로 현대미술의 중심으로 부상했다. 때마침 미술품 컬렉터인 사치(Saatchi)의 큐레이션으로 세계적 미술가로 급부상한 yBa(Young British Artists)들이 쏟아져 나왔다. 2008년 당시 2억 7천만 달러라는 세계 최고 경매가를 기록한 데미한 허스트(Damien Hirst), 걷는 사람을 디지털로 형상화한 팝 아트의 줄리안 오피(Julian Opie), 설치한 조각작품마다 화제를 불러일으키는 앤터니 곰리(Antony Gormley) 등이 모두 yBa다.[8] 테이트 모던은 영국의 문화적 역량을 다시금 부활시킨 기폭제 역할을 한 것으로 평가받고 있다.

3) 농업 터전의 예술적 재생

"국경의 터널을 빠져나오니 설국이 펼쳐졌다."
　노벨상을 수상한 가와바타 야스나리의 소설 『설국(雪国)』의 첫 문장은 소설의 무대 입구인 에치고 츠마리(越後妻有)가 얼마나 추운 지역이고 눈이 많이 내리는 곳인지 설명해 준다. 눈이 많이 내려 일모작도 간신히 할 수 있는 척박한 땅을 새롭게 바꾸려는 시도가 에치고 츠마리 대지예술제다. 일본 중서부의 산간 지역인 에치고 츠마리 지역도 예외 없이 젊은이들의 도시 이주로 인구 감소와 노령화에 부닥쳤다. 큐레이터 키타가와 후람은 생업을 유지할 수 없다는 나이 든 주민들의 자존감 상실을 막기 위해 예술을 가져왔다. 『설국』으로 유명한 니가타현의 도카마치를 비롯해 모두 6곳의 시와 정의 대지를 미술관으로 만든 대지예술제는 2000년 7월부터 9월까지 32개국 148개 팀의 아티스트가 총 153점의 야외 설치미술품을 전시한 것으로 시작했다.

2000년에 시작된 '에치고 츠마리 트리엔날레'는 '뮌스터 조각 프로젝트'의 일본판이라는 평가가 지배적이다. 두 미술제 모두 장소에 거주하는 인간의 삶과 밀접한 미술언어를 창조하며, 삶 속에서의 예술실천을 중시한다. 작품을 만드는 작가와 감상자로서의 주민이라는 예술 주체의 구분 없이 작가와 주민이 동등하게 아이디어를 내고 주어진 자연과 환경을 무대로 사회적 문맥에 관여하는 작품을 생산한다는 특징이 있기 때문이다.[9]

처음에는 작품을 한 곳에 집중해서 전시하는 것이 효율적이라는 의견도 있었다. 하지만 큰 눈이 왔을 때 마을들이 고립돼 마을 주민들끼리 서로 돕고 살아가야 하는 문화적 풍토 때문에 비슷한 점 못지않게 다른 점을 가지고 있었다. 총괄 기획을 맡은 키타가와 후람은 다양한 마을을 돌아보는 과정을 통해 일본의 중산간 지역을 피부로 느낄 수 있게 하기 위해 마을 곳곳에 작품을 흩뿌리듯 전시하는 것을 콘셉트로 했다고 설명했다. 계절별로 자연의 아름다움을 풍부하게 돋보이게 하고, 층층이 쌓인 시간을 떠올리게 하는 작품을 통해 찾아온 사람들의 오감을 열게 하고, 유전자에 익숙한 태고의 기억을 되살리는 경험, 이것이 대지예술제가 지향하는 바다.[10]

이렇게 척박하고 외진 곳에서 미술 축제를 연다고 사람들이 찾아올까? 인구가 점점 줄어드는 마을에 활기가 돌까? 주민들이 이런 의구심을 품는 것은 당연하다. 하지만 2000년 1회 트리엔날레에 28개의 마을에서 153점의 미술품을 전시했고, 162,000명의 관람객이 방문한 것을 시작으로, 2018년 트리엔날레에는 102개 마을에서 44개국 363명의 예술가가 참여해 379점의 작품을 전시했으며 총 548,380명의 관람객을 끌어들였다. 인적이 드문 마을에 오십만 명

이 넘는 방문객이 온 것만으로도 지역사회는 얼마나 활기가 돌았
을지 상상해 보자. 누군가가 관심만 기울여도 마을은 사라지지 않
는다. 그런데 직접 찾아와서 지역의 매력을 발견하는 사람들이 늘
어난다면 마을이 사라질 가능성은 더욱 줄어든다.

　에치고 츠마리에는 박물관이나 미술관처럼 작품을 설치하는 장
소가 따로 없어서 이름도 대지예술제다. 예술가들이 어떤 장소에
뭔가를 만들려고 하면 토지 소유자나 관계자에게 동의를 구해야
한다. 조상 대대로 이어져 온 소중한 토지에 외부인들이 들어오는
것에 대해 주민들은 반발했다. 아티스트들은 지역에 대해 조사하
고 연구하며, 토지를 지켜온 사람들로부터 이야기를 들으며 작품

[그림 4-7] 2012년 대지예술제에서 연출된 '제설차의 발레'

을 계획하고 내용을 전해 들으면서 설득하고 땅 주인이나 지역과 신뢰를 쌓아 갔다. 예술가와 주민의 협동의 과정이 생긴 것이다.[11] 예술을 설치하는 과정에서 예술가와 지역사회가 자연스럽게 혼융되는 것이다.

나오시마 예술섬 프로젝트에서 널리 알려진 빈집 프로젝트가 에치고 츠마리에서도 펼쳐졌다. 지역의 기억과 지혜를 미래에 계승하기 위해 100개 이상의 빈집 프로젝트를 진행했는데, 효시가 된 작품이 마리나 아브라모비치의 〈꿈의 집〉이다. 마리나는 빈집에 꿈의 집이라는 이름을 붙이고, 여행객이 머물면서 밤에 꾼 꿈을 '꿈의 책'에 기록하게 하여 이를 모아 책으로 만들려는 계획을 세웠다. 콘셉트를 부여하자 빈집이 새로운 경험을 제공하는 공간으로 거듭난 것이다. 그 외에도 민가의 내부를 바닥에서부터 벽, 보와 기둥, 문패까지 내부 전체를 조각칼의 음각만으로 벗겨 낸 '탈피하는 집' 프로젝트도 눈여겨볼 만하다. 빈집이 중요한 이유는 민가가 지역의 문화를 반영하며, 그곳에 응축된 지혜, 주변 환경과의 관계를 포함하여 맥락을 읽어 낼 수 있어 지역 재생의 계기로 이어지기 때문이라고 후람은 말했다.[12]

흥미로운 작품은 제임스 터렐(James Turrel)이 만든 숙박할 수 있는 예술작품이다. 터렐은 빛 자체가 가지고 있는 힘을 작품으로 만들려고 노력한 작가다. 일본 나오시마의 지추미술관에 대표작품이 설치돼 있고, 한국에도 뮤지엄 산에 작품이 설치됐다. 후람은 미국으로 날아가 그에게 빠듯한 예산으로 오두막이나 캠프장의 대안이 될 수 있는 세상에서 하나뿐인 영빈관을 만들어 달라고 부탁했다. 2층에는 식사할 수 있는 부엌과 다다미방, 1층에는 욕실, 화장실,

침실이 있다. 2층 지붕은 슬라이딩 처리를 해서 천장이 열리고 서서히 변하는 하늘빛을 바라볼 수 있도록 했다. 바닥 곳곳에 조명이 삽입돼 있고, 욕실은 광섬유가 내장돼 환상적인 광경이 연출된다. 가장 높은 하늘의 쇼, 집 곳곳에 장치된 빛의 쇼, 이 모두가 숙박하는 사람만이 체험할 수 있는 예술이다.

집의 이름은 '빛의 집'이다. 생활을 한다는 것에는 일어나고, 자고, 식사하고, 논밭을 일구고, 수렵과 사냥을 하고, 직물을 짜고, 아이를 낳아 기르는 등 일상생활과 그때그때 찾아오는 축제도 포함된다. 사람이 만든 인공적인 것과 자연과의 다양한 관계성이야말로 '미술'이다. 즉, 우리가 살고 있는 주변의 모든 것이 미술이다. 인간이 만들어 온 모든 것이 미술이며, 그 원초적인 부분이 생활예술인 것이다.[13]

[그림 4-8] 주민들의 흰옷을 대지 위에 펼친 크리스티앙 볼탄스키의 '린넨'

대지예술제의 의미를 높인 작품 중 하나가 크리스티앙 볼탄스키의 작품 '린넨'이다. 기요츠가와 부근에 있는 밭에 주민들로부터 모은 수백 장의 흰옷을 규칙적으로 매달아 깃발처럼 바람에 흩날리게 했다. 빛을 반사하고 바람에 흔들리는 일명 '런닝구'는 '이 땅에 살고 있는 사람들과 그곳을 나올 수밖에 없었던 사람들의 영혼의 떨림과 같은 것'으로 전달됐다. 이처럼 주민들의 삶과 문화와 밀접한 관련을 가진 예술작품은 대지예술제라는 이름에 들어맞았다.

필자가 글을 쓰고 있던 2022년 7월에도 에치고 츠마리에서는 트리엔날레가 열렸다. 코로나19로 인해 출입국이 자유롭지 못해 직접 방문하지는 못했지만, 예술가와 주민들의 열기는 온라인상으로 느낄 수 있다. 예술의 힘이 도대체 무엇이기에 이토록 지역을 바꾸고 사람들을 설레게 하는 것일까? 다음과 같은 말이 작은 답이 될 수 있을까?

"예술은 고귀한 형태의 희망이다." –게르하르트 리히터

"예술은 세상을 탐구하고 세상과 밀접한 관계를 맺게 하는 힘이 있다."
–올라퍼 엘리아슨[14]

3. 예술 프로젝트의 성공 조건

반년 간의 조사 기간 동안 낮은 재정자립도, 줄어드는 인구, 서울로부터 불편한 접근성, 부정적인 이미지로 고통을 받았던 신안

군이 컬러, 예술, 꽃과 나무를 통해 새로운 희망의 땅으로 변모하는 과정을 지켜봤다. 어려운 조건 속에서 예술이라는 키워드로 지역을 새롭게 만들고자 하는 신안군의 시도가 결실을 거두기 위해서는 몇 가지 조건을 추가해 본다.

1) 주민 참여의 조직화

먼저, 지역 재생의 두 축은 지자체와 주민이라는 사실이다. 지자체가 아무리 바꿔 보려고 해도 지역 주민들의 참여가 뒷받침되지 않으면 성공하기 어렵다. 정부 주도의 지역 재생 사업이 예산 지원에도 성과를 거두지 못하는 것은 주민들의 참여를 얻어 내지 못했기 때문이다. 따라서 가장 강력한 활력은 지역 주민으로부터 나온다. 자발적인 움직임은 무엇과도 바꿀 수 없는 강력한 힘을 가지고 있기 때문이다. 주민 주도의 재생이 성공하려면 지자체의 지혜로운 비전과 지속적인 추진력도 필수적이다. 주민 주도의 상황이 여의치 않다면 지자체 주도로 재생의 시동을 걸 수밖에 없다. 여기에도 주민들의 적극적인 참여가 필수적이다. 종합하면 지자체와 주민 주도 모두 다른 쪽의 적극적인 지지와 응원이 없다면 한 바퀴로 달리는 자전거와 같다.

신안군의 경우, 지자체가 강력한 주도권을 쥐고 시작한 것이 예술섬 프로젝트다. 이제 주민들의 참여를 통해서 지속가능성을 담보해야 하는 시점이다. 소셜 디자인 전문가 야마자키 료는 커뮤니티 디자인의 정의를 '사람과 사람을 잇는 일'이라고 정의했다. '사람과 사람을 잇는' 역할을 하는 사람이 바로 촉진자(facilitator)다.

촉진자는 개인이나 집단의 문제 해결 능력을 키워 주고 조절함으로써 조직체의 문제와 비전에 대한 자신의 해결책을 개인이나 집단으로 하여금 개발하도록 자극하고 돕거나, 교육훈련 프로그램의 실행 과정에서 중재 및 조정 역할을 담당하는 사람을 의미한다.[15] 한 마디로 조정하는 촉진자에 해당한다. 촉진자의 역할은 다양한 지식과 기술을 보유하고 있어 상대방의 흥미와 행동, 생각을 이끌어 내며, 주민과 주민을 이어 주는 역할을 수행하게 된다. 야마자키 료는 소셜 디자인의 시작은 촉진자를 키우는 것이라고 주장한다. 촉진자의 활약으로 주민 참여가 활발해진다면 주민들의 소속감, 주인의식, 애정이 생기고, 동일시로 인해 정체성의 형성도 기대할 수 있다.

에치고 츠마리 대지예술제는 '고에비 부대'라는 서포터 없이 상상할 수 없다. '작은 새우 부대'라는 뜻의 고에비 부대의 수가 몇 년 사이에 800명에서 2,742명으로 폭발적으로 증가했다. 지역을 불문하고 예술제를 지지하는 마음을 가진 사람이면 누구나 서포터즈가 될 수 있고, 이들의 노력이 더해져서 예술제를 살아 있게 만든 것이다.

신안의 다양한 미술관과 식물원 그리고 색을 칠한 마을들에도 많은 서포터즈가 필요하다. 그리고 여기에는 적절한 이름이 필요하다. 왜냐하면 이름에는 새로운 역할이 부과되고, 임명된 사람이 자기가 할 수 있는 한도에서 참여할 수 있게 이끌어 주는 힘이 있기 때문이다. 일본 오사카 근교의 이즈미사노 구릉녹지공원(Izumisano hillside park)은[16] 오사카에 있는 19번째 공원이고, 21세기 들어서서 만든 첫 번째 공원이다. 이름 그대로 구릉지를 공원으로 만들었는데, 공원 초입은 시에서 만들고, 공원 내부는 주민들이 정비하면서 운영하는 방식을 적용한 획기적인 공원이다. 참여한 주민들은 파크 매니저, 파크 레인저, 파크 서포터라는 이름으로 구분된다. 파크 매니저는 공원 운영을 기획하고, 파크 레인저는 공원 내 다양한 활동을 운영하는 활동가이며, 파크 서포터는 공원에 대한 홍보와 응원을 담당한다.[17] 주민들의 참여를 각기 다른 이름을 명명함으로써 세분화하고, 역할에 대한 책임을 받아들이게 하는 이름 붙이기가 적용된다면 로컬의 활성화는 더욱 앞당겨질 것이다.

2) 예술 다음에는 음식 문화 진흥

두 번째는 신안군이 가지고 있는 훌륭한 음식 자원의 활용에 대한 제안이다. 남도 음식의 원형은 서남해안에서 찾을 수 있지만, 점점 원형이 흐릿해지고 있는 실정이다. 전국의 관광객들이 들이닥치면서 어쩔 수 없이 원형의 맛 역시 영향을 받을 수밖에 없기 때문이다. 남도 음식의 원형은 그나마 섬이 많은 신안군에 보존돼 있다고 할 수 있다. 전 세계에서 관심을 갖고 있는 K-푸드의 원형을 가진 신안군은 음식 자원의 활용으로 또 다른 수준으로 비약적으로 성장할 수 있을 것이다. 이미 제주에서는 해녀의 부엌이라는 브랜드로 해녀의 삶과 해산물 음식의 조합을 공연으로 풀어내고 있는 콘텐츠가 큰 인기를 얻고 있다. 대학을 졸업하고 아동 연극치료를 업으로 삼았던 김하원 대표는 고향인 제주에서 제주 해녀가 힘겹게 길어 올린 해산물이 마땅한 값어치를 받지 못하는 현실을 개선하기 위해 해녀의 부엌을 기획했다. 오랫동안 창고로 내버려졌던 어판장을 공연장 겸 식당으로 바꿔 청년 예술인과 제주 해녀를 모았고, 2019년 본격적으로 해녀의 부엌을 시작했다. 해녀의 부엌에서는 해녀가 주인공인 공연이 펼쳐지고, 해녀가 채취한 음식이 차려진다. 해녀의 부엌은 지역 일자리 창출과 어촌계의 전통을 잇는 가치를 보여 주었다. 또 최근 미디어콘텐츠 개발까지 영역을 확장하며 조천리에 2호점을 오픈했으며, 제주 뿔소라를 세계로 알리기 위한 콘텐츠를 개발하는 등 지속가능한 비즈니스 모델을 꾸준히 개척해 나가는 중이다.[18]

방문객들의 수요를 높이는 소재로 음식 만한 것은 없다. 2012년 대지예술제에서는 16일 동안 '둘러앉는 주먹밥'이란 행사가 열렸다. 정오가 지나면 마을의 아주머니들과 자원봉사자들이 "주먹밥 어떻습니까?"라고 외친다. 초대 받은 손님들은 서로 인사 나누고 빙 둘러앉아서 함께 이야기를 나누면서 주먹밥을 먹는다. 일상적인 쌀밥이지만, 다른 지역에서 온 사람들에게는 따뜻한 환대와 함께 독특한 경험을 제공한다. 다 먹은 후에 손님들 모두가 감사의 마음을 표현하는 답례를 하고 나면 '작품'은 완성된다. 이 작품은 대지예술제의 장소가 되는 마을 사람들과 인내심을 가지고 협의를 거듭하며 어머니들이 협력하고 방문객들도 즐겁게 참여하는 명작이 됐다.[19]

흑산 홍어, 임자 민어, 압해 산낙지 등 남도 음식의 핵심적인 소재를 가지고 있는 신안의 독특하고 찬란한 음식 문화 역시 새로운 가치를 통해 부각시킬 시점이다. 랜드마크가 될 만한 음식은 인근 지자체인 목포에 빼앗긴 실정이기에 신안군만의 대표적인 음식 메뉴와 음식 선물 레퍼터리 개발이 필수적이다. 그래야 관광의 차원이 예술, 컬러, 그린을 넘어서 다층적으로 이뤄지게 된다.

3) 글로벌 플랫폼의 구축

세 번째 제안은 글로벌 플랫폼의 구축이다. 신안군이 국내 여행지로서의 출발은 늦었지만, 국제 관광지로서의 출발에서까지 늦을 수는 없다. 해외 마케팅과 국제 규격의 숙박시설과 관광 플랫폼을 설립해서 세계의 관광객들을 끌어들일 수 있는 조건을 갖춰야 한다. 에어 비앤비나 론리 플래닛 같은 글로벌 플랫폼에 신안의 문화 관광 콘텐츠가 반영된다면, 세계적인 관광지로 부상하는 것은 시간 문제다. 대표적인 방문지와 숙박시설 및 식당의 앱 개발 지원 등을 통해 전 세계와 직접적으로 연결되는 연결성을 이끌어 내는 것도 시도해 볼 만하다. 그 과정에서 전 세계의 대학생들을 대상으로 한 앱 개발 공모전, 홍보 영상 공모전, 광고 카피 공모전, 사진공모전 등을 시도한다면 많은 관여를 이끌어 내고 그 자체가 하나의 이벤트가 될 수 있겠다. 더 나아가 대지예술제나 세토우치 트리엔날레 같은 국제적인 예술 행사를 기획하여 전 세계 예술가들이 신안의 여러 섬을 무대로 자신의 작품을 펼치는 글로벌 플랫폼으로 성장시키는 방안을 모색할 필요가 있다.

사회가 선진화될수록 관광 수요가 바다와 섬으로 수렴된다. 답답한 현실과 멀리 떨어져 진정한 휴식을 취하기에 섬만 한 곳이 없으며 자연과 내가 하나 되는 느낌을 강하게 받을 수 있기 때문이다. 섬으로만 이뤄진 지자체 신안은 휴양 및 관광 문화 트렌드에서 매우 유리한 조건에 놓였고, 글로벌화를 위해서도 좋은 조건을 가진 셈이다. 앞으로의 발전을 기대해 본다.

제5장

산토리니에서 배우는 글로벌 섬 관광지 개발

김신동(한림대학교 미디어스쿨 교수)

사람들이 산토리니에 가는 이유는 무엇일까? 산토리니는 어떤 연유로 세계 최고의 섬 관광지가 됐을까? 이 섬만이 지닌 특별한 매력이 있나? 있다면 무엇일까? 그런데 이 섬은 도대체 어디에 있지? 그리스의 섬이라는 건 알지만 가 보지 않은 사람들에게 알려진 정보는 제한적이다. 인터넷을 뒤적여 봐도 거의 비슷비슷한 관광 정보가 대부분이다. 마침 그리스에 출장도 있고 해서 산토리니 여정을 추가했다. 백문이 불여일견. 특히 관광지란 머리로 공부하는 곳이 아니라 몸으로 느끼는 것이 중요한 곳이다. 일정과 예산이 빠듯하여 이박 삼일 짧은 여정을 잡고 목표를 간단하게 세웠다. 섬의 분위기와 느낌을 새기고 오기. 가는 길에 간단한 정보는 대략 수집하여 파악하고 조사의 목표를 섬이 주는 매력의 핵심이 무엇인지를 알아보는 것에 두었다.

섬 관광을 발전시켜 지방을 활성화시킬 수 있을까? 무너져 가는 지역사회를 되살리기 위해서는 사람들이 와 보고 싶은 곳으로 탈바꿈을 해야 하는데 어떤 방법으로 그 어려운 과업을 이루나? 이 어려운 일을 최근에 신안군의 퍼플섬이 해내고 있다. 그러나 이제 시작에 불과한 퍼플섬 프로젝트가 과연 장기적인 성공 사례로 남을 수 있을까? 산토리니는 세계의 사람들을 불러 모으는 에게해의 작은 섬이다. 왜 사람들은 산토리니를 찾는가? 퍼플섬의 미래를 그리며 산토리니의 교훈을 알아보고자 떠났다. 신안군의 퍼플섬이나 혹은 다른 섬들이 관광지로서의 가치를 쌓아 나가는 데 산토리니의 사례는 충분히 연구해 볼 만하다. 매년 이백만 명의 관광객을 전 세계로부터 흡인하는 것만으로도 그 가치는 자명하다. 산토리니는 제주도처럼 큰 섬이 아니고 다도해에 흩어진 무수한 작은 섬들과 같이 작고 척박한 섬이다. 그런 점에서도 산토리니의 사례는 귀중해 보였다.

1. 화산과 황무지의 섬 산토리니

애초 출장지였던 그리스 북부의 데살로니키에서 산토리니까지는 비행기로 한 시간도 걸리지 않는 거리다. 그리스는 남한보다 크고 한반도보다 작은 나라다. 인구는 약 천만 명. 유럽 대륙의 최남단에 이탈리아와 튀르키예(구 터키) 사이를 차지하고 있다. 북으로는 불가리아, 북마케도니아, 알바니아가 이웃이다. 북마케도니아와는 마케도니아라는 이름을 사용하는 문제로 불편한 관계에 있고, 튀르키예와는 오스만투르크에 의한 수백 년간의 식민 지배로 인한 응어리가 있다. 튀르키예와의 사이에 있는 에게해의 섬들은 거의 그리스 영토다. 튀르키예의 코앞에 있는 섬들도 그리스 영토인 걸 보면 해양민족라는 말이 무색하지 않다.

또한 에게의 바다는 일리아드와 오딧세이의 무대로 서양사의 제1장을 차지하는 무대다. 보통은 아테네로 들어와 배나 비행기로 산

토리니를 향한다. 그리스 관광 일번지는 역시 아테네라고 할 것이
므로 이 고도의 역사 유적들을 둘러본 뒤 이삼일 여유를 더해 유명
하다는 산토리니를 찾는 것이 일반적이다. 그러나 나의 여정은 달
랐다. 알렉산더 대왕의 고향 데살로니키는 그리스 북부의 중심 도
시로 아리스토텔레스가 태어난 곳에서도 가깝다. 비잔틴 제국 시
절에는 콘스탄티노플과 더불어 공동 수도 역할을 할 만큼 비중 있
는 에게해의 맹주였다. 아리스토텔레스 대학에서 매년 여름 미디
어 아카데미가 열려 여기에 출강하고 있다. 내 몫의 강의를 마치고
산토리니로 날아가는 심정은 기대반 부담반. 그러나 무엇보다도

[그림 5-1] 산토리니의 상징 칼데라와 하얀 집들

푸른 바다와 하얀 집의 사진으로 도배된 섬의 실상을 직접 피부로 느껴보고 싶었다.

산토리니는 에게해 남단의 작은 섬에 불과하지만 항공을 이용한 접근이 매우 쉽다. 항공 일정이 인색하지 않고 섬의 동쪽 해안에 작지만 국제공항이 있어 편리하다. 시골의 버스터미널 같은 공항은 빠져나가는 데 십 분도 걸리지 않았다. 공중에서 바라본 산토리니는 한눈에도 황무지 바위섬이었다. 지질학적 배경은 잘 모르지만 아무튼 황량한 이 섬이 그렇게나 사람들을 끌어 모으다니, 궁금증이 커졌다. 미리 예약한 셔틀밴 서비스를 이용해 편하게 호텔로 왔다. 버스를 타면 1유로 60센트, 밴을 부르면 세 명까지 25유로, 혼

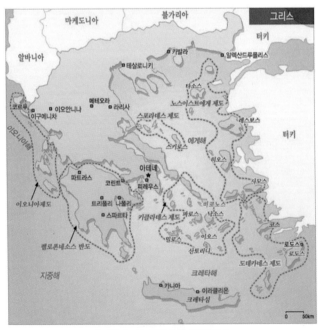

[그림 5-2] 그리스와 산토리니

출처: https://bookwormkr.tistory.com/m/259

자서 타도 여전히 25유로다. 호텔도 눈이 동그래질 만큼 비싼 곳이 널렸다. 칼데라가 내려다보이는 위치에 풀도 딸려 있다면 일박에 천 유로도 훌쩍 넘을 수 있다. 비교적 저렴한 호텔을 찾아 예약을 했지만 그나마도 하루 20여만 원은 내야 했다.

관광지이다 보니 비수기와 성수기의 가격 차이가 크다. 겨울인 12~2월이 대체로 비수기라 할 만하고 나머지 기간 동안은 관광객이 많다. 역시 여름철이 최고 성수기. 저렴한 호텔이라 방에서 내다볼 만한 특별한 경관은 없지만 산토리니의 중심 마을인 피라 한가운데에 있어서 여러모로 편리했다. 작지만 2인이 앉을 수 있는 발

[그림 5-3] 청과 백의 섬 산토리니

코니와 야외 테이블도 있어서 파트너가 있다면 와인이나 커피를 마시면서 나름 즐거운 시간을 연출할 수도 있었으리라. 아무튼 경치야 호텔방보다 돌아다니며 보는 것이 훨씬 더 나을 것은 자명하다.

산토리니의 항공 운송은 인상적이었다. 이 조그만 섬에 9대의 항공기가 동시에 들어올 수 있고, 성수기라고 할 수 있는 3월부터 11월까지는 세계 40여 개 항공사가 운행을 한다. 유럽의 주요 도시들로부터 직항이 운행된다. 코비드 직전에는 연 인원 220만 명을 항공으로 수송했다고 하는데, 항공편 방문객이 급증하기 시작한 것은 2013년 무렵부터다. 항공 운송이 산토리니를 국제적 관광지로 밀어올린 것은 의심의 여지가 없다. 공항에서 시내 중심까지는 버스로 십 분이면 간다. 버스 기다리고 타는 시간이 아마 더 길 것이다. 여행의 피로감이 대개는 오가는 길에 녹초가 되는 것에서 비롯된다는 점을 고려하면 산토리니는 접근성이 정말 뛰어나다.

에게의 바다는 온전히 그리스의 바다라는 생각이 든다. 이 바다에는 암초를 포함 모두 6천 개가 넘는 섬이 있지만, 유인도는 약 227개, 그중에 거주 인구가 100명이 넘는 곳은 80개가 채 되지 않는다. 유명한 크레타는 그리스의 섬 가운데 가장 큰 섬으로, 서양 문명의 원형이 된 미노스 문명의 발상지. 크레타는 산토리니에서 남쪽으로 멀지 않은 곳에 자리하고 있다. 기원전 1,600년대에 테라(산토리니)섬은 엄청난 규모의 화산 폭발을 일으켰는데, 이것이 크레타의 미노스 문명을 몰락시킨 원인이라는 설이 있다. 미노스 문명이 쇠퇴하자 문명의 무대는 그리스 본토로 이동하여 아테네와 테베를 중심으로 한 미케네 문명이 흥기했다.[1] 미노스를 멸망시킨 테라의 화산은 21세기에 에게의 바다로 전 세계의 관광객들을 불러 모으고 있다.

섬이 많아서인지 에게해는 모양이 다양하며 지루하지 않다. 서사시 〈오딧세이아〉가 탄생할 만하다. 유명한 트로이의 목마를 만들어 그리스 연합군과 트로이 사이의 전쟁을 승리로 이끈 영웅 오디세우스는 아킬레스의 갑옷을 상으로 받고 자신의 왕국 이타카로 귀환하던 도중 길을 잃고 이십 년간 유랑을 한다. 지금은 튀르키예가 된 트로이를 출발하여 귀국 길에 그가 떠돌던 전설의 바다가 바로 에게해. 오디세우스의 신기한 모험담이 펼쳐진 바다라니 더욱 비밀스러운 느낌이 든다. 붉은 낙조를 바라보며 산토리니가 자랑하는 화이트 와인을 앞에 두고 폴 모리아가 연주하는 〈페넬로페〉를 듣노라면 오디세우스가 된 기분을 느낄 수도 있을 것 같다. 이 곡은 한국에 〈에게해의 진주〉로 번역이 됐다. 이유는 모르지만 그럴듯한 상상이 아닐까? 호머가 존경스럽게 그려 낸 정절의 왕비 페넬로페는 미케네 그리스인이 지향한 모럴을 체현하는 인물이다. 주인이 실종된 이타카 왕국을 노리고 수많은 남자가 페넬로페에게 구혼을 하자, 페넬로페는 베짜기가 완성될 때까지 기다려 달라고 핑계를 댄다. 그러고는 낮에 짠 베를 밤이면 도로 다 풀어 베짜기를 한없이 늦추며 남편의 귀환을 기다린다. 그녀의 지혜와 정절은 에게해의 고대 그리스인들에게는 진주처럼 고귀한 상징이 됐다.

2. 자연에 어울린 인공의 매력 산토리니

관광지로서 산토리니의 매력은 무엇일까? 관광은 자연이 만든 것과 인간이 이룬 것을 보고 즐기는 것이 목적이다. 산토리니는 어느 편일까? 에게해의 멋진 바다와 화산섬, 그리고 거기에 아름답게 조성된 마을을 보러 가는 것이니 둘 다 갖추었다고 볼 수 있다. 섬의 지질학적 기반은 고대에 화산 폭발로 형성된 칼데라를 둘러싸고 있는 암반이다. 이 섬에 자연이 부여한 아름다움이 있다면 첫째는 칼데라 분화구가 이루는 절벽과 바다의 조화로운 경관이다. 두 번째는 섬의 북단에서 바라보는 일몰의 장관, 그리고 마지막으로 몇 군데 해변을 들 수 있다. 그러나 일몰이라면 여기가 아닌 어디라도 멋진 곳이 많고, 해변이라면 산토리니의 작고 옹색한 해변에 비해 훨씬 더 멋진 곳이 널렸다. 예컨대, 근처의 미코노스섬은 해변으로 유명한 관광지다. 화산섬이라서 섬의 나머지 부분은 대부분 나무도 별로 없는 황무지다. 작렬하는 그리스의 따가운 햇빛을 가릴 장소도 별로 없는 곳이다. 결국 자연적 관광 자원은 칼데라 분화구의 절벽 경관이 핵심이다.

화산 분화구가 형성한 칼데라가 한 눈에 들어오는 정상에 서면 탄성이 나온다. 누구나 카메라를 켜고 사진을 찍기 시작한다. 경관이 좋은 카페나 식당에 앉아 좀 더 느긋하게 경치를 즐길 수도 있다. 말로만 듣고 그림으로만 보던 산토리니의 정수가 한 눈에 들어오는 느낌이다. 능선을 따라 칼데라와 그 주변에 형성된 하얀 집들의 마을은 과연 사진에서 본 대로 멋진 풍광을 연출한다. 그렇게 한두 시간 칼데라의 기암 절벽과 어우러진 하얀 집들을 보면서 느릿느릿 다니다 보면 어느새 풍광은 마음에서 사라진다. 아무리 좋은 경치도 종일 앉아서 보고 있기는 어렵고 몇 시간이고 보면서 경탄을 할 사람은 없을 것 같다. 전에 백두산의 천지에 세 번 올랐는데,

운이 억세게 좋아 세 번 모두 맑게 갠 천지를 볼 수 있었다. 보통은 비구름에 가려 제대로 못 보는 경우가 허다하다고 한다. 천지의 위용은 탄성을 불러낸다. 하지만 반시간가량 이리저리 사진도 찍고 거닐다 보면 처음의 탄성은 가라앉고 사진을 몇 장이든 찍고 나면 칼데라의 암벽도, 중앙의 물도 더 이상 탄성을 자아내지는 못한다.

그런데 그 거무튀튀하고 험하게 생긴 암벽에 집을 지을 생각을 한 것은 신기하다. 한국에 비한다면 백두산 천지나 한라산 백록담에 집을 다닥다닥 지어 마을을 만든 셈이다. 한국이라면 고산 지역이라 사람들이 일부러 살 이유도 없고, 지금에 와서는 허용도 안 되겠지만 산토리니의 경우라면 다르다. 애초에는 정상에 경관을 조망하며 집들이 들어서거나 물가 포구를 중심으로 들어섰다가 나중에는 공간이 없다 보니 구석구석 들어갈 수 있는 곳이라면 어디든 채우게 됐으리라. 지금은 물론 규제로 인해 아무 곳에나 지을 수는 없다. 산토리니는 건물 규제가 심하다. 섬 관광의 핵심이 화산이나 바다라기보다 파란색과 흰색으로 마을을 컬러 마케팅해서 색깔 유지에 총력을 기울인다. 모든 집은 흰색이나 상아색 계열로 도색해야 하고 어기면 벌금을 물린다. 섬의 경제가 관광에 절대 의존하다 보니 이런 규제를 받아들일 수밖에 없다. 규제가 엄격할 수밖에 없는 다른 중요한 이유는 이곳이 화산 절벽에 난립하다시피 형성된 도시이기 때문에 안전에 여러 가지 문제가 있다는 점이다.

산토리니섬은 화산의 분화구임에도 불구하고 해저와 해수면이라는 특별한 위치 때문에 배로 쉽게 접근할 수 있었고, 따라서 고대로부터 사람의 정착이 어렵지 않게 이루어졌다. 뛰어난 경관은 고대인의 심미적 욕구도 충분히 충족시켰으리라. 에게해는 고대로부터 해상 교통이 활발했던 지역이라 상업적 목적 혹은 군사적 목적 등으로 많은 사람의 이동이 있었다. 산토리니는 척박한 여건의 작은 섬이지만 사람의 정주는 일찍부터 시작됐다. 물론 규모는 오늘날에 비할 바가 아니다. 지금도 많은 사람이 사는 큰 섬은 아니지만 산토리니의 인구는 관광업의 발전과 함께 근래에 급속히 증가하고 있다. 1970년대 초에 6천여 명에 불과하던 인구가 2011년에는 17,000명을 넘고, 2022년에는 20,000명을 넘는 수준이라는데, 앞으로도 늘어날 전망이라고 한다. 관광업 활성화로 인해 새로운 비즈니스가 꾸준히 늘고 있는 것이다. 이것은 물론 그리스 전체의 인구 추이와는 정반대의 현상이다. 그리스는 인구 감소 국가다. 2천년대 초반에 1천 1백만의 인구로 정점을 찍었고, 2022년 현재 1천 38만으로 감소했다. 미래에도 감소는 피할 수 없을 것으로 예측한다. 산토리니의 인구 흡인은 명백히 관광업의 성장 때문이고, 이는 지역사회 활성화의 엔진이다. 정주 인구 못지않게, 아니 정주 인구의 증가보다 더 중요한 것은 유동 인구의 증가다. 연 인원 이백만 이상이 다녀가는 이 섬은 더 이상 작은 섬이 아니다.[2]

　관광객을 끌어들이는 산토리니의 결정적인 매력은 검은 화산 절벽에 만든 하얀색 집들의 군락이다. 컬러 마케팅의 성공 사례 가운데 압권으로 지목할 만한 이 프로젝트는 파랑과 하양의 산토리니 이미지를 구축했다. 분화구 절벽 위에 형성한 마을은 멀리서 보면 검정 암벽 위에 하얗고 길게 늘어선 띠처럼 보이기도 하고, 피라나 이아의 중심지는 암벽 사면을 타고 흘러내린 크림처럼 보이기도 한다. 마을에 들어서면 관광지들에서 흔히 보는 모든 것이 빼곡히 들어차 있다. 멋진 카페와 레스토랑, 호텔과 기념품 가게, 각종

[그림 5-4] 관광객의 눈길을 끄는 토산품 가게

상점들이 골목을 따라 끝도 없이 구불구불 늘어서 있다. 며칠을 있어도 이 가게들을 다 들어가 볼 수는 없을 것 같다. 피라 마을은 산토리니의 중심이다. 위치로도 중앙을 차지하고 있고, 공항과 버스 터미널, 각종 상업지구 및 행정 서비스의 집결지다. 섬의 북단에 있는 이아 마을은 산토리니를 대표하는 사진들과 일몰의 장관이 한몫을 하는 곳이다. 피라 중앙광장과 인근 골목에 산토리니 관광의 뒷심이 있다. 식당, 바, 슈퍼, 타투 가게, 오토바이 대여점, 은행, 각양각색의 기념품 상점들로 빼곡하다. 칼데라를 내려다보는 언덕에는 상점들이 더 많이 줄을 서 있다. 그림같이 아름다운 인간의 마을. 본능적으로 카메라를 꺼내게 만드는 이 마을은 인공의 조형물이다. 그리고 이것이 산토리니 관광의 핵심적 매력이다. 칼데라의 자연 경관은 배경일 뿐이다.

관광을 구성하는 다른 중요한 요인들이 있다. 안락한 숙소, 맛있는 음식, 분위기 좋은 카페와 술집, 그리고 구매욕을 충족시키는 쇼핑 여건 등이 그것이다. 타이베이에서 오십 분가량 동쪽으로 가면 지우펀(九份)이라는 유명한 관광지가 있다. 일제 강점기 때 금광으로 개발된 마을로, 광산 유적이 관광의 일부를 이룬다. 미야자키 하야오의 애니메이션 〈센과 치히로의 모험〉의 실물 모델이었다는 멋진 가게 건물도 있다. 영화 〈비정성시〉의 촬영지이기도 하다. 그러나 지우펀의 경이와 재미는 사실 뱀 같은 골목을 빼곡히 채운 상점들이다. 타이베이를 방문하는 수많은 사람이 지우펀을 찾는다. 특별한 경관이 있어서가 아니다. 사람들이 북적이는 골목과 골목을 가득 채운 상점들이 지우펀의 매력이다. 피라 마을의 골목을 돌며 지우펀을 떠올렸다.

[그림 5-5] 산토리니의 집을 모형으로 만든 기념품

　피라광장 중심에서 중국집을 발견했다. 코로나19 전에 물밀듯이
밀려든 중국 관광객들이 남긴 유산이다. 마침 좋아하는 사천식 메
뉴가 튼실해 보여 생선살마라탕을 선택했다. 제대로 된 요리사가
와서 하는 집인지 음식 맛이 기대 이상이었다. 이튿날 또 찾아가 완

탕과 만두를 먹었다. 가격도 옆에 널린 그리스 식당들보다 많이 착하다. 코로나19로 중국인 관광객은 거의 없어지고 그나마 찾아오는 중국인들은 유럽에 거주하는 젊은 학생들로 보였다. 섬에 오는 관광객들은 대부분 사나흘 있다가 간다고 한다. 비행기가 잘 연결돼 있고 섬도 작아서 하루만 자고 가도 크게 아쉬울 것도 없다.

그런데 여기서 사나흘 혹은 일주일 이상을 보내도록 붙드는 것은 칼데라가 아니다. 오감 만족의 요건이 갖추어진 환경, 즉 먹고 마시고 쇼핑할 수 있는 환경이 조성돼 있다. 관광은 잘 먹고 흥겹게 마시고 별 필요도 없는 물건들을 사는 것이 본질일 수 있다. 칼데라의 암벽과 푸른 바다에 어우러진 하얀 집들의 동화 같은 이미지가 시각적 만족을 극대화시킨다면, 따뜻한 에게해의 기후와 해변의 물놀이 등이 촉각을 만족시킨다. 그리스 음식은 물론 중국식까지 구비된 다양한 먹거리들이 식욕을 만족시키고, 분위기 넘치는 멋진 바와 다양한 종류의 와인들은 낭만적 감정을 한껏 끌어올려 준다. 자연의 비경이 돗자리를 깔아 줄지는 모르지만 정작 재주는 사람들이 부리는 것이다.

3. 보고, 먹고, 마시고, 찍고, 사는 관광의 요소들

산토리니에는 나무가 별로 없다. 별로 없는 정도가 아니라 사실상 황무지 섬이다. 마그마와 화산재가 바닥을 이루다 보니 식물이 뿌리를 내리기에 좋은 환경은 아니리라. 그나마 있는 큰 나무들은 최근 몇십 년 사이 가로수로 식재한 것이 분명하다. 길을 따라 늘어

서 있으니. 야생은 초라하고 지저분해 보이는 관목들이 흩어져 있
는 정도인데, 그나마 생태계 유지에는 어떤 기능이나마 있을지 모
르겠다. 그러니 보통의 농사가 잘될 이유가 없다. 그럼에도 독특한
방식으로 포도 재배에 성공하여 로컬 와인을 생산하고 있다. 섬에
는 강풍이 불어 일반적인 포도나무라면 포도송이들이 여물기도 전
에 떨어져 나가거나 나무가 꺾여 버린다. 그래서 어린 나무를 지면
에 가깝게 똬리처럼 꼬아 생육을 시키고 포도 열매는 그 안쪽으로
열리게 만들어 바람으로부터 나무와 열매를 보호한다. 자연의 시
련을 극복하는 지혜가 아닐 수 없다.

　와인에 더해 블루 멍키나 레드 동키 같은 로컬 맥주도 있다. 뜨
겁고 건조한 에게해의 기후가 아무튼 최소한 와인은 허락해 준 모
양이다. 오디세우스가 바다를 헤매다가 거인의 섬에서 와인을 빚
어 거인을 잠재우고 탈출한 대목이 생각났다. 이글거리는 태양, 민
둥산과 황무지, 까맣고 불친절한 모래의 비치. 그래도 주야장철 사
람들이 몰려든다. 이유야 어떻든 이 황무지에 관광상품을 이만큼
개발한 것은 놀랍다. 라스베이거스도 알고 보면 황무지인데 미국
최대의 위락 산업 도시가 건설됐다. 자연은 스스로 관광의 대상이
될 수 있지만 저절로 관광산업이 되지는 않는다. 교통, 숙박, 음식,
쇼핑, 이벤트 등이 관광산업을 만들어 나간다. 홍도가 절경이라고
하나 배타고 한 바퀴 휙 돌고 나면 그다음엔 더 이상 할 일이 없잖
은가…….

　피라 마을이나 이아 마을은 절벽을 위아래로 연결하며 발달한
촌락이라 차가 못 다니는 좁은 길이나 경사가 급한 길은 당나귀가
중요한 수송 수단이었다. 이 나귀와 그 조상들은 산토리니의 좁은

[그림 5-6] 짐과 사람을 나르는 당나귀 택시

골목을 훤히 꿰기까지 이 섬을 다녔으리라. 정상의 전망 좋은 고급
호텔에 짐 가방을 이리저리 끌고 가려는 투숙객은 없지 않겠는가?
근래에는 동물 학대 아니냐는 따가운 시선도 있다. 당나귀 활용이
로컬의 사정에 맞고 일자리도 창출한다고 옹호론을 펴는 사람들이

있는가 하면 굳이 동물들을 학대하는 노역을 시켜야 하는가라고 맞서는 의견들이 있다. 그래서 실을 수 있는 짐이나 사람의 최대 무게를 정하는 규칙이 생겼다고 한다. 미래에 어떻게 판가름이 날지는 아직 알 수 없다. 당나귀보다 더 저렴한 수단이 생기면 아마 나귀 시대도 저물지 않을까? 그러나 어떻든 지금은 당나귀도 관광지의 이색적 풍경을 이루는 요소다.

이아 마을의 노을은 세상에서 가장 아름답다는 과장된 신화가 산토리니 관광에 한몫을 톡톡히 한다. 섬의 북단에 자리한 이 마을은 석양 하나로 존재의 이유를 굳힌다. 산토리니 관광객이라면 반드시 여기서 지는 해를 보고 사진을 찍어야 한다. 나는 이보다 아름다운 석양을 여기저기서 수없이 많이 봤지만 그렇다고 이아 마을의 주장이 과하다고 다툴 생각은 없다. 흔한 석양을 세계 최고로 꾸민 능력에 감복할 뿐이다. 낙조가 얼굴을 물들이는 발코니에 앉아 사랑하는 짝과 산토리니 로제 와인을 기울여야 석양이 제 맛이다. 혼자서 돌아다닌 나는 헛것을 보고 왔을 뿐일까?

코비드 팬데믹이 몰아치기 전에 산토리니는 중국의 커플들이 쏟아져 들어와 아름다운 배경에서 사진을 찍는 관광이 쏠쏠한 수입원이었다고 한다. 커플들에게 산토리니는 지상의 낙원을 상징하는 것이었을지도 모르겠다. 여기에 와서 사진을 남겼으니 우리의 사랑은 더 이상 부러운 것이 없다고. 산토리니 관광의 성공은 이야기를 제공하는 능력과 깊은 관계가 있다. 비경에 만들어진 동화 같은 마을의 모양과 색깔이 낭만적인 추억을 빚어 준다. 인생의 이야깃거리를 만들어 주는 것이다. 어딘가를 다녀오면 이야기가 남는다. 이야기가 초라하고 보잘 것이 없으면 멋진 관광지가 아니다. 보고,

[그림 5-7] 이아의 일몰

[그림 5-8] 일몰을 보기 위해 모인 관광객들

들고, 먹고, 느낀 점들이 하나하나 이야기가 된다. 가장 아름다운 노을이라는 이야기를 만들고 그것을 판매하는 데 산토리니는 성공을 한 것이다.

여행 중에 좋은 음식을 만난다면 그만한 축복이 없다. 오죽하면 미식 기행이라는 멋진 구실로 먹고 마시는 여행을 일삼는 사람들이 있겠는가? 금강산도 식후경. 잘 먹어야 여행이고 뭐고 눈에 들어온다는 깨우침이 있다. 속을 채운 오징어(stuffed calamari)는 한국의 오징어순대와 유사한데, 속을 오징어 다리로 채워서 좀 단조롭다. 안에 채소와 쌀 같은 걸 넣었으면 내 입맛에는 더 맞았으리라. 그래도 아무튼 해물요리는 그리스나 이탈리아의 지중해 식단을 훨씬 다채롭고 맛나게 한다. 수블라키라고 그리스식 케밥 같은 것도 인기 메뉴이지만 내 취향은 역시 해산물이다. 피라광장의 중국 식당의 사천식 마라탕은 잊을 수 없을 것 같다.

　관광지에 식당이 없거나 음식이 맛없으면 관광산업은 불가능하다. 고유 음식과 함께 국제적인 음식도 다양하게 잘 공급이 이루어지는 것이 바람직하다. 관광지에서도 맥도날드에는 사람들이 줄을 선다. 별 것 없는 음식이지만 믿을 수 있고, 저렴하고, 시간도 절약해 준다. 강원도 평창에서는 매년 봄에 평창국제영화제가 열린다. 몇 년 전에 며칠 동안 참석하고 온 적이 있다. 황태구이, 황탯국, 오삼불고기 등이 동네의 주 종목인데, 이틀 먹고 나니 더 이상 먹을 게 없었다. 좋은 음식도 한두 번이지 매끼 같은 걸 먹고 싶은 관광객이 어디 있겠나. 영화제는 영화만 보러 가는 행사가 아니다. 먹어야 하고, 마셔야 하고, 잘 자야 하고, 오가면서 눈도 쉬고 마음도 즐거워야 축제산업이 잘될 수 있다. 아무것도 없는 산중에서 영화만 틀어 대니 잘될 턱이 없다. 멋진 카페나 분위기 좋은 바가 없어도 관광지의 매력은 떨어진다. 관광지란 낮의 관광을 핑계로 먹고 마시는 쾌락을 누리도록 구비해 주는 곳이다.

　관광지 쇼핑의 백미는 거기서만 구할 수 있는 명품을 찾아서 사는 것이다. 돈으로 비벼 놓은 이른바 브랜드 명품이 아니고 장인의 탁월한 능력에 의해 만들어진 멋진 물건이 진정한 의미의 명품일 것이다. 언젠가 인도네시아 발리 옆에 있는 우붓이라는 마을에 갔을 때 동네 장인이 만든 평범한 유리공예품을 보며 탄복을 했다. 멋진 모양에 비해 가격이 싸서 열 개라도 사다가 주변에 선물을 하고 싶은 생각이 들었다. 짐이 불어나는 것이 너무 부담스러워 결국 하나 정도 사는 걸로 만족해야 했지만 그날 본 우붓의 공예품 인상은 마음에 깊게 남았다. 산토리니에서 그만한 물건을 만나지는 못했다. 쇼핑에 관심이 짧아 건성으로 보고 다닌 이유도 있겠지만 대체로 특이함이 없는 흔한 물건들이라는 생각이 들었다. 하지만 눈에 띈 물건들이 없는 건 아니었다. 접시나 그림에서부터 산토리니의 집들을 본 따 만든 미니어처 모양의 작은 소품들, 그리고 갖가지 토산품들은 모두들 열심히 팔리고 있었다. 굳이 많이 사지 않더라도 하나하나 상점들이 이미 재미난 구경거리였다. 여행 중의 연인들은 보석상에 들어가 예정에 없던 반지를 교환하고 목걸이를 선물한다. 그 쇼핑의 경험이 여행의 의미와 감동을 배가한다.

우붓은 인도네시아 발리섬의 행정구역 가운데 하나다. 우붓 행정구에 포괄되는 전체 인구는 열세 개 마을 8만 명에 이르지만 중심 마을에는 약 1만 2천 명 정도의 인구가 살고 있다. 매년 삼백만의 해외 관광객을 끌어 모으는 곳은 흔히 우리가 우붓으로 알고 있는 이 중심 마을이다. 논과 산으로 둘러싸인 한적한 시골 마을이 어쩌다 이렇게 엄청난 관광지가 됐을까? 우붓은 예술과 문화의 마을을 모토로 내세우고 있다. 크고 작은 문화 이벤트들이 열리고 다양한 민속 공예품들이 거리를 장식한다. 손으로 무언가를 만드는 것이 사라져 가는 산업사회에서 우붓은 만들기를 통해 독특한 가치를 창조한다. 직접 뭔가를 만드는 것들이 일상에서 사라진 현대 사회는 모든 걸 기성품으로 사서 쓴다. 장갑이나 조끼, 스웨터를 뜨는 엄마나 이모들을 보면서 자랐지만 이제는 모두 7080 문화로 화석이 됐다. 만들기 문화의 실종은 관광상품의 실종으로 이어진다. 시골구석을 가도 메이드인차이나 상품들이 마트나 슈퍼를 통해 조달된다. 평생 톱질이나 못질을 안 해 본 사람도 많을 것이다. 사실 만들기 문화의 실종은 안타까움 정도의 느낌을 넘어서는 문제다. 호모 파베르. 뭐든 만드는 인간은 도구를 포함하여 온갖 것을 만드는 재주가 특징이고 본질이다. 타고난 본질적 능력을 퇴화시켜 버린 현대의 인간. 호모 마트나 호모 슈퍼 혹은 호모 쿠팡으로 전락하고 말았다.

4. 산토리니의 숙제와 교훈

산토리니 관광의 핵심은 화산 폭발이 남긴 칼데라와 그 암벽에 지은 하얀 집들의 군집이다. 하얀색으로 정성껏 도색된 집들이 사진 찍는 명소가 된 것이다. 그러나 이 지역은 화산, 지진, 산사태 등의 자연재해 위험성이 상존한다. 자연재해 위험성이 가장 높은 곳에 산토리니 관광의 핵심이라 할 수 있는 피라마을과 이아마을이 포함되어 있다. 그럼에도 불구하고 피라 지역은 계속 팽창하고 있고 이 확장은 아직 멈추지 않았다. 이에 더해 부실하고 낡은 건물이나 물 부족을 메우고자 과도하게 지하수를 퍼 올린 결과, 대수층의 담수를 바닷물이 채우는 현상이 발생하는 등 안전성과 지속성에 우려를 낳고 있다. 관광으로 섬의 경기가 성장하자 인구도 계속 증가하여 1980년대까지 7천 명 수준에 있던 주민이 지금은 1만 5천명 선을 넘어 2만 명을 향하고 있다. 그리스 전체 인구는 천만 명 정도이고, 인구 감소 국가라는 점을 고려해 보면 산토리니의 인구 증가는 예외적인 것이다.

관광객이 몰려드는 철에는 상주 인구의 네 배 이상 되는 사람들이 섬을 차지한다. 작은 섬에 사람들이 몰리다 보니 쓰레기, 물, 오염 등 여러 문제가 발생하지만 섬은 대체로 해결 혹은 수용 능력이 부족한 실정이다. 지속가능한 관광지 개발이 점점 이슈가 되고 있지만 대책은 궁하다. 관광산업이 발전하려면 사람들이 더 많이 방문해야 하는데, 섬의 수용 능력은 이미 한계에 도달하고 있다. 화산 지역에 위험하게 들어선 건축물들, 건축물들의 노후 현상, 지하수 고갈로 인해 지하 대수층에 바닷물이 채워지는 현상 등은 심각하고 장기적인 숙제로 남아 있다. 근본적인 대책 마련이 쉽지 않다. 여기에 관광산업 발전으로 인한 인구 유입이 문제를 더욱 복잡하게 만든다. 산토리니는 지속적인 입법을 통해 규제를 강화하고 대책을 정비하는 노력을 하고 있지만 이런 문제들은 계속 숙제로 남아 있다. 지속가능한 관광산업의 발전을 위해서는 반드시 해결돼야 하는 문제들이다.

화려한 관광지의 이면에 도사리고 있는 심각한 문제들은 미디어에 잘 노출되지 않는다. 관광지로서의 매력을 떨어트리게 될까 두려워 더욱 쉬쉬하는 경향도 있다. 그러나 이런 은폐는 산토리니의 건강성을 위해 좋지 않다. 먼저 개발된 관광지 산토리니가 남겨 줄 수 있는 또 다른 형태의 교훈이다. 지속가능한 관광지 개발과 관광산업 발전을 위해서는 자연 및 인공적 재해로부터 안전한 환경을 조성하는 것이 필수적이다. 아름다운 산토리니의 풍광 이면에 이런 위험이 상존하고 있다는 것은 얼른 상상하기 어려운 아이러니다.

산토리니에 가기 전에 내 머릿속에 담긴 산토리니의 이미지는 푸른 바다와 하늘, 하얀 마을, 파란 돔으로 구성된 요정들의 나라 같은 것이었다. 가 보면 다르리라 짐작은 하면서도 어떤 다른 모습이 있을지 상상하기 어려웠다. 여행 후기들을 읽어 봐도 거의 천편

[그림 5-9] 산토리니의 대표적 상징이 된 그리스 정교회 건물

일률의 낭만적 감상이 변주되고 있고, 사진들도 비슷했다. 이 아름다운 섬에서는 당나귀 똥도 초콜릿 같다고 하는 것 같았다. 누구라도 그 섬에 가면 보고 오는 것이 같고 아름답기만 한 모양이었다. 그래서 내가 본 게 더 아름다웠다고 주장하는 콘테스트에 참여하는 심정이 되는 모양이다. 여하튼 내가 직접 느껴 보지 않고서는 뭐라 말할 수가 없을 것 같았다. 하기야 모든 여행이 그래서 가치 있는 것이리라. 가서 걸어 보지 않고서도 말을 보탤 수 있는 능력이 있다면 뭐 하러 돈 쓰고 고생하며 가 본단 말인가.

산토리니는 과연 자연과 인공의 아름다움을 잘 조화시켜 놓은 관광상품의 수작임이 분명하다. 에게해의 푸른 물과 남유럽의 타오르는 태양은 천혜의 자원이다. 햇빛에 주린 유럽인들은 지중해와 에게해에서 휴가를 보내는 것을 선망한다. 그러나 자연의 혜택은 필요조건이었을 뿐이다. 살펴보면 나무 그늘도 별로 없는 황무지 화산섬에 위험을 무릅쓰고 예쁜 집을 지어 무에서 유를 창조하다시피 신화를 빚어 냈다. 그 신화는 감상의 방식조차 이단을 불허하는 정교가 됐다. 어쩌면 사람들은 이 섬에 발을 대기도 전에 이 섬을 어떻게 느껴야 할 것인지 마음을 정할 수밖에 없었을 것이다. 소비의 방식과 효과를 정해 놓고 시작하는 관광에서 가이드북을 따라 감동마저 처방대로 경험하는 것은 지극히 온당한 일이다. 상업화란 그런 과정을 말한다.

세계적 관광지로서 산토리니의 성공 요인은 자연이 부여한 아름다운 풍경도 있지만 그보다 인공에 의한 개발이 핵심적 요인이라는 점을 이 장에서 살펴봤다. 컬러 마케팅이 적용된 마을의 조성, 볼거리와 먹거리, 놀거리 등이 풍부한 상업적 환경 조성, 편리한 교통 인프라의 조성 등이 산토리니 성공의 1차적 원인이다. 여기에 2차적인 요인, 즉 이미지 마케팅을 성공시킨 점이 인터넷 시대 관광지로서 주효했다고 분석할 수 있다. 비교적 단순하면서도 강렬한 산토리니의 사진들이 전 세계에 배포됐다. 아름다운 산토리니라는 상상이 정착되고 관광객들은 산토리니에 닿기도 전에 이미 이곳이 엄청나게 아름다운 곳이라는 결론을 내고 만다. 현지에 도착하면 그러한 신념을 확인하는 행동들을 마치 프로그래밍이 된 것처럼 수행한다. 이 점을 보면 관광은 도착하기 훨씬 전에 시작되는 것임을 알 수 있다. 따라서 관광산업의 성패는 이런 상상과 기대를 심어 줄 수 있는지, 이를 위한 이야기를 만들어 낼 수 있는지, 이로부터 이미 시작된다고 할 수 있다.

  이 같은 상상과 기대가 현실과 일치하지 않아도 이미 많은 돈과 시간을 들여 이곳을 찾은 방문객들은 긍정적인 경험을 남기고 싶어 한다. 그 결과 주관적 체험이 다소 불만족한 경우일지라도 여행을 부정적으로 평가하고 싶지 않아 하는 마음도 작용한다. 산토리니에 가지 말아야 하는 다섯 가지 이유라는 글을 인터넷에 올린 미국인 블로거도 있다.[3] 그에 따르면, 산토리니의 고고학적 자연 풍광이 사실상 별 대단한 볼거리가 아니라는 것이다. 해수욕을 할 만한 해변도 별로 없고 그나마 좋지도 않다. 시내는 관광객들로 빽빽하고, 인스타그램에서 볼 수 있는 멋진 사진들을 찍는 장소들은 모두 돈을 내야 들어갈 수 있으며, 사진에 나온 제한된 장소 이외의 섬의 다른 부분들은 볼썽사납다는 것이다. 이런 평가가 틀렸다고 볼 수는 없다. 지적하고 있는 점들이 모두 사실이기도 하다. 실인즉, 나도 크게 동감하는 것들이다. 그런데 이런 약점에도 불구하고 관광지로 명성을 획득한 방법은 좀 분석해 볼 필요가 있을 것이다.

산토리니를 뒤로 하면서 한국의 섬들을 떠올렸다. 한국은 3천 개 이상의 섬을 가진 섬의 대국이다. 그럼에도 불구하고 섬 관광이 활성화되지는 못한 나라다. 제주도가 지난 이십 년 사이 국제적 관광지로 성장했으나 나머지 섬들 가운데 국제적 관광지라 할 만한 곳은 아직 없다. 2021년 유엔으로부터 관광 성공 사례로 표창을 받은 신안의 섬들이 장래 세계적인 관광지로 성장해 나가기를 기대해 볼 만하다. 다도해의 아름다운 풍경을 보면 결코 그리스의 섬들에 뒤지지 않는 천혜의 관광자원임이 자명하다. 그럼에도 대다수 섬들의 인구는 줄기만 하고 사람들의 방문은 늘지 않는다. 다도해의 멋진 섬들이 산토리니로부터 교훈을 취할 수 있는 것이 있을까? 산토리니로부터의 교훈을 새기자면 교통 인프라가 빈약하고 관광 콘텐츠, 즉 볼거리, 먹거리, 놀거리, 살거리 등이 부족하다. 한마디로 관광산업의 발전이 거의 부재한 것이다.

산토리니에 방문하기 위해 준비하는 단계에서 가장 먼저 하게 되는 것들은 무엇일까? 정보 검색, 항공권 등 교통편 검색 및 예약, 숙소 검색 및 예약, 식당 검색 및 예약 등일 것이다. 나의 경우 혼자 다니는 짧은 방문이어서 식당 예약은 하지 않았지만 다른 것들은 필수적인 것들이었다. 정보 검색 면에서 이미 세계적인 관광지로 정평이 난 산토리니와 이제 막 국제 무대에 선을 보인 신안의 퍼플섬은 같은 수준일 수가 없다. 구글링을 하거나 유튜브를 검색하면 산토리니에 대한 콘텐츠가 더 두텁다는 것을 금방 느낄 수가 있다. 항공권은 비교 대상도 되지 않는다. 산토리니를 찾는 관광객의 다수는 항공편을 이용하지만 신안의 섬들은 대부분 육상으로 접근한다. 호텔이나 기타 숙박업에 이르면 그 격차는 엄청나다.

호텔 예약 사이트로 유명한 부킹닷컴에 2022년 11월 1일 1박을 가정하여 검색을 해 보니 산토리니의 경우 무려 443개의 숙소가 검색됐다. 같은 날짜로 신안군을 검색하니 겨우 18개의 숙소가 나왔다. 그나마도 모두 목포에 있는 것들이다. 신안에는 사실상 상업적 숙박업소가 별로 없다. 같은 검색을 에어비앤비로 해 봤더니 산토리니에는 1천 개 이상이 검색돼 나온다. 신안군의 경우 인근 무안, 함평, 목포, 진도, 해남까지 모두 포괄해 나오는 숫자가 229개. 레스토랑 검색에서도 유사한 결과가 나왔다. 신안의 관광지에는 아직 상업적 편의시설이 거의 없다고 해도 과언이 아닐 지경이다. 굳이 일박 이상 체류를 원하는 관광객들은 목포에 머무르는 것이 현실적인 선택이다. 그러나 목포에서 신안의 섬들에 접근을 하려면 한 시간 이상은 족히 운전을 해서 들어가야 한다. 어떤 섬들은 다시 배를 타야 한다. 대중교통으로 버스 편이 있지만 띄엄띄엄 운행하고 시간이 오래 걸려 추천할 만한 대안이 아니다.

숙박업이나 요식업 등 관광 인프라는 관이 주도하여 하루아침에 조성할 수 있는 것이 아니다. 제대로 된 음식점들이 충분히 들어서려면 민간의 자발적인 투자와 관심이 있어야 하고, 짧은 투자 기간에 이익이 회수돼야 한다. 호텔이나 민박 등의 숙박업도 마찬가지다. 민간의 투자와 참여를 유인할 만큼 관광 소비가 일어나야 하는데, 그러자면 환경이 조성돼야 하고 환경이 조성되려면 관광 수요가 있어야 하는 악순환의 고리를 끊는 것이 관건이다. 퍼플섬을 비롯해 신안의 예술섬들은 일단 그 고리를 끊고 다음 단계로의 도약을 준비하고 있는 상태다. 문화예술 행사와 이벤트를 적극적으로 조직해 전기를 마련해야 한다.

  정주 인구의 증가이든 유동 인구의 증가이든 이것이 이루어지지 않으면 관광 인프라의 조성은 어렵다. 사람들을 끌어들이고 방문객들의 체류를 길게 가져갈 수 있는 여건과 프로그램의 개발이 관건이다. 경치관광만으로는 한계가 뚜렷하다. 작은 섬 산토리니에 방문하는 사람들이 보통 3박 이상 체류하고, 어떤 경우에는 한 달 이상 체류하기도 한다. 칼데라의 경치나 석양을 보려고 여러 날 머무르는 것이 아니다. 매일 새롭게 보고, 먹고, 마시고, 놀거리들이 있기 때문이다. 신안군에 들어서는 박물관들이 그 유인의 단초를 제공할 것이다. 인상적인 퍼플교도 그 역할을 할 것이다. 이런 관광 요소들이 결합하고 더 풍부한 요소들이 더해질 수 있는 프로그램 개발이 우선적인 해결 과제다.

제6장

신안군의
장소 마케팅
전략을 위하여

김병희(서원대학교 광고홍보학과 교수)

신안군은 반월·박지도, 기점·소악도, 선도, 우이도, 증도, 임자도, 비금도, 도초도, 흑산도, 신의도, 압해도, 자은도를 비롯한 여러 지역에서 장소 마케팅 활동을 전개하고 있다. 장소 마케팅이란 특정 지역이나 장소를 매력적인 곳으로 자리매김하기 위해 독특한 이미지를 상품화하여 수익도 올리고 부가가치도 창출하는 다양한 마케팅 활동이다. 여러 지방자치단체에서도 어떤 장소의 독특한 특성을 활용해 지역의 경제 활성화를 모색하는 정책을 보편적으로 추진하고 있다.

장소 마케팅 활동을 전개하면 지역의 정체성을 확립하고 지역 주민의 삶의 질을 높이는 동시에 관광객을 유치할 수도 있다. 장소 마케팅은 어떤 지역에 대해 긍정적 인식을 갖게 하는 데에도 영향을 미치기 때문에 관광지나 명소를 개발할 때도 두루 활용된다. 이 장에서는 장소 마케팅의 개념과 특성에 대해 살펴보고, 장소 마케팅의 사례를 검토한다. 그리고 신안군의 장소 마케팅 사례를 분석함으로써 앞으로 신안군에 필요한 장소 마케팅 전략을 제시하고자 한다.

1. 장소 마케팅의 개념과 특성

1995년에 지방자치시대가 개막되자 전국의 지방자치단체들은 기업을 유치하고 방문객을 유인하기 위해 지역의 발전 방안을 모색하는 과정에서 장소 마케팅 활동을 전개하게 된다. 1970년대에 미국에서 도시를 발전시켜 관리하려고 도심을 재개발하는 과정에서 도시 마케팅이란 용어가 등장했다. 우리나라의 지방자치단체들은 지역 경제를 활성화하는 방안으로 도시 마케팅 활동을 전개하며 도시나 장소를 상품처럼 판매하려고 했다.

그러나 도시 마케팅은 장소 마케팅의 하위 개념이다. 유럽에서는 1980년대에 미국의 도심 재개발 사업의 성과를 확장시켜 장소 마케팅이란 용어를 처음으로 사용했다. 장소 마케팅(place marketing)이란 장소를 관리하는 주체가 주민과 관광객에게 어떤 장소를 매력적인 곳으로 인식하게 하려는 목적에서 특정 장소를 알리려는 다양한 마케팅 활동이다.[1] 따라서 장소 마케팅은 글로벌 경쟁에 직면한 세계 각국의 지방자치단체나 도시 계획에 관여하는 정책 담당자들의 관심을 끌 수밖에 없다.

우리나라의 지방자치단체들도 장소 마케팅 활동을 통해 민심을 통합하고 지역의 정체성을 정립하려고 노력했다. 지방자치단체들은 자본을 유치하고 방문객과 이주민을 유인하기 위해 지역의 장소를 판매하려고 시도했다. 지방자치단체들은 축제나 문화예술 콘텐츠를 활용해 장소 마케팅 활동을 전개하는 경우가 많았다. 지역 축제를 알리기 위해 지방자치단체끼리 경쟁하는 현상도 심화됐다. 각 지역의 주민들과 지방자치단체들은 협력 관계를 구축해 공동의 가치를 창출하려고 노력했다. 지방자치단체들의 이런 노력은 지역 주민의 공동체 의식을 함양하고 생활 만족도를 높이는 데 기여했다.

지방자치단체의 공무원들은 어떤 장소의 사회문화적 특성을 활용해 지역 경제를 활성화하고, 자본과 인력을 유치하기 위해 시행하는 지역 개발 전략 모두를 장소 마케팅 활동으로 이해하는 경우가 일반적이다. 결국 지방자치단체에서 인식하는 장소 마케팅이란 해당 지역이 매력적인 장소라고 주민과 관광객과 기업에 알리기 위해 장소의 이미지를 판매하기 위한 마케팅 활동이다. 따라서 장소 마케팅 활동을 전개해 지역 경제를 활성화하려면 민관의 동반 관계가 중요할 수밖에 없다.

그렇다면 참여 주체가 다양한 장소 마케팅의 특성은 무엇일까? 참여 주체 간의 상호작용과 이를 뒷받침하는 제도와 환경은 지방 자치단체의 정책 과정에 중요한 영향을 미친다. 지역의 독특한 자산을 바탕으로 지방자치단체 간에 경쟁하면 어떤 장소를 놓고 영역 경쟁을 하는 것이나 마찬가지다. 즉, 장소의 차별적 특성을 다른 지역과 다르게 형성함으로써 경쟁 우위를 확보하는 데에 장소 마케팅의 특성이 있다.

지방자치단체에서는 지역의 발전과 지역끼리의 경쟁에서 살아남기 위해 지역의 자산과 특성을 고려해 장소 마케팅 활동을 전개한다. 지역의 자산 중에서도 문화자산은 특히 중요하다. 장소 마케팅의 유형은 관광객을 대상으로 하는 문화적 장소 마케팅, 생태적 장소 마케팅, 그리고 기업 유치를 위한 산업적 장소 마케팅으로 구분한다. 이 밖에도 접근 방법에 따라 통합 모형, 문화산업 모형, 소비자 지향적 모형으로 장소 마케팅을 구분한다.

지역의 관광산업을 활성화하기 위한 장소 마케팅에는 특성에 따라 두 가지 법칙이 있다. 관광지를 개발하거나 영화 촬영 세트장을 건설하는 식의 하드웨어 방식이 있고, 지역 축제와 생태 관광 및 그린 관광을 기획하거나 문화예술 콘텐츠를 개발하는 식의 소프트웨어 방식이 있다. 장소 마케팅에 성공하려면 혁신을 창출하는 관련 조직이 특정 공간이나 지역에 모여 있는 제도적 밀집(institutional thickness)이 특히 중요한데, 주민과 기업 그리고 지방자치단체 같은 연관 조직이 한곳에 모여 있어야 한다는 뜻이다. 나아가 모든 연관 조직이 과제를 함께 수행한다는 상호 신뢰를 바탕으로 상호작용의 공감대를 마련해야 한다는 것이다.[2]

장소 마케팅의 구체적인 성과는 방문객을 늘려 지역 경제를 활성화하겠다는 대외적 목적과 지역문화를 발전시키고 주민의 공동체 의식을 함양하겠다는 대내적 목적을 어느 정도 달성했느냐에 따라 평가할 수 있다. 장소 마케팅 활동을 전개하려면 알리고자 하는 어떤 지역의 어떤 장소에 대한 장소 만들기(making place)를 먼저 시도해야 하는데, 이 과정에서 어떤 장소가 지닌 고유한 매력이 형성된다. 어떤 장소의 자산을 주민과 관광객 및 기업에 적극적으로 알리고, 그 성과를 장소 자산의 판촉과 형성에 다시 반영하는 일련의 과정을 반복함으로써 장소 마케팅 활동이 완성된다.[3] 상품으로서의 장소는 그곳에서 제공하는 시설과 편의성의 총합이기 때문에 일반적인 상품 마케팅과는 접근 방법에서 상당한 차이가 있다.

2. 장소 마케팅의 사례

그동안 연구자들은 장소 마케팅의 가치에 대해 다양한 측면에서 조명했다. 인천의 지역 정체성을 확보하고 지역 경제를 활성화하는 데 장소 마케팅 활동이 유용했다고 평가한 연구 결과는 흥미롭다. 이 연구에서는 신뢰성, 상호 통제성, 만족성, 상호 공존의 관계성, 시민 기여성, 친밀성, 공동체 관계성 같은 일곱 가지 요인에서 신뢰성 요인이 다른 요인에 비해 시민의 자발성 유도에 가장 큰 영향을 미쳤다고 보고했다.[4] 나아가 인천의 도시 이미지를 제고하기 위한 장소 마케팅 방안으로, 문화유산을 활용한 전략, 문화 이벤트를 활용한 전략, 영화를 활용한 전략, 스포츠를 활용한 전략, CI를 활용한 전략 같은 다섯 가지 실천 전략을 제시했는데, 이 전략들은 신안군의 장소 마케팅 활동에 적용해도 유용할 것이다.

네덜란드 암스테르담의 주거상업 지역인 베스터가스파브릭(Westergasfabriek, WGF)의 사례 연구도 주목할 만하다. 암스테르담 베스터가스파브릭 공원은 공간을 재활용한 경우다. 암스테르담의 외곽 지역에 있는 베스터가스파브릭 공장은 1885년에 세워졌다. 석탄에서 가스를 추출해 도시를 밝히는 가로등의 연료를 생산했지만 가스의 가격 경쟁력이 낮아지자 결국 가동을 중단했고, 암스테르담시는 2003년에 공장 건물을 중심으로 도시 재생 사업을 진행했다. 공장 부지에 있던 여러 건물은 대형 문화공간과 상점, 레스토랑, 미술관 등으로 바뀌고, 기능을 잃었던 가스 공장은 시민들의 휴식 문화 공간으로 탈바꿈했다. 네덜란드 제2의 도시이자 유럽 최대의 항구 도시인 로테르담의 비터 더 비트스트라트(Witte de Withstraat: WdW)는 자유분방하고 다양한 색채가 가득한 예술인들의 거리로 탈바꿈했다. 비터 더 비트스트라트는 로테르담 시내 중심부와 뮤지엄파크를 잇는 500m 정도의 거리인데, 다양한 갤러리와 예술기관이 모여 있어 예술가들의 거리로 알려져 있고, 개성적인 상점과 카페, 레스토랑, 주점이 모여 특유의 자유분방함과 개성을 발산하는 곳이다. 두 장소의 창의적인 관리 전략을 분석한 연구에서는 문화활동 요소들을 다양하게 결합한 결과 두 곳이 매력적인 장소로 탈바꿈했고, 사회문화적 동인을 파악해 장소 마케팅 활동을 전개했기 때문에 그런 성과가 나타났다고 평가했다.[5]

청산도의 '서편제' 마케팅과 슬로 마케팅의 관련 양상을 분석한 연구에서는 청산도가 영화 〈서편제〉를 홍보 수단으로 선택해 지역의 브랜드 이미지를 높였다고 평가했다. 청산도의 자원들을 슬로 시티로 집중시켜 느리게 걷기라는 축제 행사를 기획하기에 이르렀고, 결국 방문객의 증가를 견인했다고 평가했다. 청산도의 실제 모습과 영상 매체가 그린 청산도의 이미지는 슬로 시티에서 추구하는 이상향에 부합했다. 이런 접근 방법은 빠름과 느림, 전통과 현대, 농촌과 도시의 조화 감각을 느끼게 하며 방문객들의 호응을 얻었다. 연구자는 〈서편제〉에서 묘사한 청산도는 낙후된 농촌의 모습이 아니라, 빠름과 느림, 농촌과 도시, 로컬과 글로벌, 아날로그와 디지털 간의 조화로운 리듬을 지키는 슬로 시티 정신으로 승화됐다고 평가했다.[6]

공연예술 콘텐츠를 도시 마케팅에 활용하는 방안을 제시한 연구에서는 지방자치단체에서 공연예술 콘텐츠의 활용 목적을 명확히

하는 것이 마케팅 활동에서 중요하다는 시사점을 제시했다. 나아가 연구자는 구성원들이 협력해서 차별화된 콘텐츠를 지속적으로 개발하고, 공연예술 콘텐츠를 수용하려는 구성원의 지속적인 의지와 홍보 활동이 필요하다고 강조했다.[7] 김천 지역의 관광 활성화 방안을 탐색한 연구에서는 김천시가 미래 관광의 경쟁력을 확보하려면 김천시의 지리자원, 관광자원, 문화자원, 역사관광 콘텐츠를 갖춰야 한다면서 김천 8경을 활용하기를 권고했다. 김천시의 정체성과 고유성이 반영된 김천 8경은 지역사회의 가치를 제고하고 지속가능한 관광 경쟁력을 확보하는 원천이라는 것이 이 연구의 핵심 내용이었다.[8]

　신안군에 있는 생태관광 자원의 분포와 속성에 대해 분석한 연구에서는 섬의 특성상 내륙 지방에 비해 자연적 생태관광 자원이 풍부하고, 신안군의 독자적인 역사문화 자원이 다수 분포한다고

〈표 6-1〉 **신안군의 생태관광 자원의 분류**

대분류	소분류
자연관광 자원	식물 군락, 특정 식물종, 조류 서식, 염생식물[10], 천연기념물
역사문화관광 자원	가옥, 경승지, 나루터, 고분, 누각, 동굴, 봉수대, 봉우리, 비, 산성, 생가, 서당, 서적, 석상, 석탑, 유배지, 장승, 축제, 패총, 효자각
시설 및 장소관광 자원	해역, 마을, 수림, 산, 낚시터, 독살, 공원, 체육공원, 골목, 드라이브, 산책로, 선착장, 숙박시설, 야영장, 우물, 우실, 일출·일몰, 전망대, 전시관, 포토존, 해수욕장, 음식촌, 염전, 10경, 시점, 절벽, 다리, 등산로, 쇼핑 장소
갯벌체험관광 자원	갯벌

보고했다. 신안군 생태관광의 적지 분포의 패턴을 살펴본 결과, 섬 지역의 특성상 적지가 주로 해안 지역에 분포하고 있다는 것이다. 〈표 6-1〉에서 알 수 있듯이, 이 연구에서는 신안군의 생태관광 자원을 자연관광 자원, 역사문화관광 자원, 시설 및 장소관광 자원, 갯벌체험관광 자원으로 대분류한 다음, 다시 소분류해서 신안군에 있는 생태관광 자원의 생생하고 구체적인 면모를 보여 주었다.[9]

장소 마케팅 활동을 전개하는 데 필요한 구체적인 수단은 천차 만별 여러 가지가 있다. 여러 가지 수단 중에서 전시회의 개최도 자주 활용된다. 지방자치단체는 전시회를 개최해서 주민과 방문객과 기업의 관계자들이 선호하는 방향으로 제도와 시설을 정비해서 어떤 장소의 가치를 높이기도 한다. 비교적 저렴한 비용으로 마케팅 효과를 극대화하는 전시회를 개최하는 것도 장소 마케팅의 효과적인 수단의 하나다.[11]

마찬가지로 신안군에서도 신안군을 가치 있는 지역 브랜드로 설정하고 신안군의 '무엇을(what)', 구체적으로 '누구에게(to whom)', 여러 지자체 중에서 신안군을 '왜(why)', 다양한 미디어를 '어떻게(how)' 선정해서 신안군과 퍼플섬을 알릴 것인지에 대한 장소 마케팅 계획을 체계적으로 수립해야 한다. [그림 6-1]에서 전시회를 활용해서 신안군의 장소 마케팅 활동을 전개하는 데 필요한 진행 단계를 확인할 수 있다. [그림 6-1]은 김봉석의 연구(2007)를 바탕으로 수정한 것이다. 전시회를 통해서 장소 마케팅 전략을 전개할 때는 조사 연구 단계, 전략 수립 단계, 실행 단계, 그리고 조정 통제 단계라는 4단계를 반드시 고려해야 한다.

조사 연구 단계	전략 수립 단계	실행 단계	조정 통제 단계
시장 조사 • 이해관계자 집단 • 정책 수립 집단 • 신안군의 정책 구조 **환경 분석** • 전시 환경 분석 • 신안군의 강약점 • 기회와 위험 • 경쟁자 정의 • 전시경쟁력 분석	**정책 목표 설정** • 신안군 비전 설정 • 신안군 정체성 • 마케팅 목표 설정 **시장 세분화** • 전시시장 세분화 **목표 그룹 설정** • 적합 전시회 선정 **포지셔닝** • 신안군 포지셔닝 • 전시회 포지셔닝	**장소 마케팅 실행** • 컬러 마케팅 • 그린 마케팅 • 아트 마케팅 • 관광 마케팅 **마케팅 믹스** • 전시 상품 개발 • 전시 브랜드 형성 • 가격 경쟁력 확보 • 서비스 경쟁력 향상 • 유통 경로 확보 • 신안군의 전시 홍보	**조직** • 마케팅 조직 • 행정 조직 **시스템** • 마케팅 시스템 • 정책 집행 시스템 • 전시 시스템 **목표** • 마케팅 목표 통제 • 전시 목표 통제

[그림 6-1] 신안군의 전시회를 활용한 장소 마케팅 활동

3. 신안군의 장소 마케팅 전략

　신안군의 장소 마케팅 전략과 방안은 접근 방법에 따라 다양한 각도에서 마련할 수 있다. 그럼에도 불구하고 현 단계에서 시급히 추진해야 할 장소 마케팅 전략은 크게 여섯 가지로 정리할 수 있다. 첫째, 신안군은 통합적 마케팅 커뮤니케이션 활동을 전개해야 하고, 둘째, 퍼플섬의 관광 브랜딩을 정립해야 하며, 셋째, 신안군에서 기획한 미술관과 박물관의 다원적 기능을 모색해야 한다. 그리고 넷째, 신안군의 마을 자치 활동을 가동시켜야 하고, 다섯째, 글로벌 마케팅 프로그램을 개발해야 하며, 여섯째, 호혜적인 메세나 활동을 전개해야 한다. 신안군의 장소 마케팅 전략과 실행 방안을 보다 구체적으로 설명하면 다음과 같다.

1) 통합적 마케팅 커뮤니케이션의 전개

통합적 마케팅 커뮤니케이션(Integrated Marketing Communication: IMC)은 다양한 이해관계자 집단을 대상으로 하며, 다양한 커뮤니케이션 영역을 고려하고, 모든 브랜드 접촉점을 고려하며, 구체적인 판매 행동에 영향을 미치게 하는 새로운 마케팅 커뮤니케이션 관점이며, 결국 고객과의 관계성 구축을 최고의 지향점으로 삼는다.

따라서 마케터들은 고객이나 방문객과의 관계성을 구축하기 위해 마케팅의 4P(제품, 가격, 유통, 판촉) 개념에서 4C(고객, 비용, 편의성, 의사소통) 개념으로 마케팅에 대한 인식을 바꿔야 한다. 다시 말해서 제품 자체보다 고객이 무엇을 원하고 필요로 하는지 연구해야 하고, 가격보다 욕구를 충족시키기 위해 고객이 치르는 비용을 이해해야 하며, 구매 장소보다 구매 과정의 편의성을 고려해야 하며, 판촉 활동에 애쓰기보다 고객과의 의사소통에 치중해야 한다.

신안군을 예로 들면, 신안군과 퍼플섬의 우월성을 지나치게 강조하기보다 방문객의 욕구를 연구해야 하며(product → consumer), 신안군과 퍼플섬의 가치를 지나치게 신봉하기보다 퍼플섬을 방문하는 데 방문객이 치르는 비용을 고려해야 한다(price → cost). 더욱이 신안군과 퍼플섬의 장소 자체만 부각하지 말고 신안군과 퍼플섬의 편의성을 부각시켜야 하며(place → convenience), 판촉활동에만 지나치게 신경 쓰지 말고 방문객과의 의사소통을 중시해야 한다는 뜻이다(promotion → communication).

특히 신안군과 퍼플섬의 인지도를 지속적으로 제고하려면 현재 고객과 잠재 고객과의 신뢰를 구축하는 전략과 전술을 시급히 수립해야 한다. 신뢰는 시민 관계성의 형성에 가장 큰 영향을 미친다. 어느 한 가지 맥락보다 전체적이고 통합적인 기획력이 신안군과 퍼플섬의 인지도 제고에 영향을 미친다. 장소 마케팅을 전개할 때는 방문객의 지식과 취향에 알맞게 계속 소통하고, 다양한 프로그램을 제공해야 신안군과 퍼플섬의 인지도를 계속 높여 갈 수 있다.

신안군의 장소 마케팅 전략에서 놓치지 말아야 할 시사점은 소통 접촉점을 일상화하고 다원화해야 한다는 사실이다. 통합적 마케팅 커뮤니케이션에서는 어떤 브랜드가 성공하려면 모든 브랜드 접촉점(brand contact point)을 고려하기를 권고한다. 앞으로 신안군이 장소 마케팅 전략에 성공하려면 다양한 이해관계자 집단을 대상으로 다양한 커뮤니케이션 영역을 고려해야 하며, 방문객들의 구체적인 행동 반응에 영향을 미칠 수 있도록 신안군의 브랜드 접촉점을 고려해야 한다. 신안군에 대한 관심을 전국적으로 확산하려면 장소 마케팅 활동을 전국적으로 전개해야 한다. 앞으로 신안군의 장소 마케팅 활동은 퍼플섬 위주의 한동안 반짝하는 방식이 아니라, 방문객들이 일상에서 신안군의 브랜드를 수시로 접촉하게 함으로써 신안군과 방문객 사이에 지속적인 관계성을 구축하도록 해야 한다.

2) 퍼플섬의 관광 브랜딩 정립

퍼플섬의 관광 브랜딩 전략을 장기적인 맥락에서 정립하는 것이 신안군 앞에 놓인 시급한 당면 과제다. 즉, 퍼플섬이라는 장소를 중심으로 신안군 전역을 연결함으로써 고유한 장소 이미지를 장기적으로 구축해야 한다. 브랜드 자산을 형성할 수 있는 행사를 기획하고, 현대적 의미에서의 주거가치와 투자가치를 부여해야 하며, 여러 곳을 연계하는 여행 관광 벨트를 구성하고, 브랜드 슬로건을 개발하고, 시민이 중심이 되는 축제 행사를 기획해야 한다.

어떤 장소가 주목받는 지역으로 성장하려면 방문가치(visitability), 주거가치(livability), 투자가치(investability)가 있어야 한다. 퍼플섬의 보랏빛을 강조하는 것만으로는 관광객을 지속적으로 유치하는 데에는 일정한 한계가 있고, 관광객의 욕구와 필요를 충족시키기도 어렵다. 따라서 신안군을 더 주목받는 섬으로 키우려면 퍼플섬을 주제로 하는 각종 현대적인 행사를 기획하고, 탐사 여행이나 체험 프로그램을 개발해 방문가치를 높이고 투자하고 싶은 장소 이미지를 구축해야 한다.

신안군은 그동안 보랏빛을 활용해 퍼플섬에 대한 장소 마케팅을 전개해 나름대로의 성과를 얻었지만, 앞으로 보다 전략적인 컬러 마케팅 활동을 전개해야 한다. 신안군과 다른 지방자치단체와의 연계 전략을 통하여 퍼플섬을 전국적인 관광지로 정착시켜야 한다. 문화적 브랜딩(cultural branding)의 원칙에 따르면, 어떤 브랜드가 강력한 브랜드가 되려면 브랜드의 의미를 확장시키고 도상적 브랜드(iconic brands) 이미지를 구축해야 한다. 이런 점에서 신안군의 컬러 마케팅 활동은 퍼플섬 브랜드의 의미를 확장시키는 유익한 방안이다.

충남 아산시를 중심으로 지자체의 관광 마케팅 전략을 살펴본 연구에서는 아산시가 유명 관광지로 성장하려면 편리한 교통으로 단기 관광을 할 수 있는 곳, 역사 탐방과 자연 친화 및 온천 휴양이

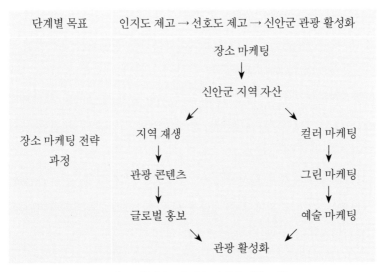

[그림 6-2] 신안군의 장소 마케팅 전략 모형

가능한 곳이라는 강점을 강화해야 한다고 했다. 약점을 보완하려면 차별적 이미지를 창출하기 위한 슬로건을 개발하고, 관광 행정 시스템과 마케팅 활동을 강화해야 한다고 했다.[12] 약점을 보완하는 방안은 신안군의 장소 마케팅 활동에서도 참고할 만한 대목이다. 신안군의 관광산업을 활성화하려면 [그림 6-2]에 제시한 장소 마케팅 전략 모형을 고려할 필요가 있다.

3) 미술관과 박물관의 다원적 기능 모색

신안군의 관광 활성화를 위해 신안군의 여러 섬에 미술관과 박물관을 건립해서 활성화하는 방안도 적극적으로 모색해야 한다. 전통적인 방법으로 관람객을 동원하는 데에는 한계가 있다는 전제하에 미술관과 박물관을 건립하고 운영하는 데 있어서 전문가들의 의견을 중요한 참고 자료로 활용해야 한다. 그리고 세계적인 예술가들을 신안으로 초빙하는 정책을 보다 적극적으로 추진해야 한다. 화가들의 작품을 전시하는 동시에 그들에게 작업 공간을 제공하는 것도 바람직하다. 그들과 함께 고품질의 전시회를 기획하거나 온라인에서 가상 갤러리를 운영하면서 신안군에 관련된 문화 콘텐츠를 개발해야 한다.

　신안군은 섬 주민들의 문화적 자긍심을 고취하고, 문화 향유의 기회를 늘리는 동시에 문화예술을 활용해 지역을 활성화하기 위해 '1도(島) 1뮤지엄' 아트 프로젝트를 추진했다. 박물관 9곳, 미술관 10곳, 전시관 3곳, 공원 3곳 해서 모두 25개소의 문화예술 공간을 구축하는 기획인데, 이미 14곳을 완성해 방문객을 맞이하고 있다. 보다 구체적으로, ① 압해 저녁노을 미술관, ② 증도 신안갯벌 박물관, ③ 자은 1004섬 수석미술관, ④ 자은 세계 조개박물관, ⑤ 비금 이세돌 바둑박물관, ⑥ 흑산 박득순 미술관, ⑦ 흑산 철새 박물관, ⑧ 흑산 새공예 박물관, ⑨ 하의 천사상 미술관, ⑩ 안좌 세계화석 광물 박물관, ⑪ 암태 에로스서각 박물관, ⑫ 임자 조희룡 미술관, ⑬ 신안 자생식물연구센터, ⑭ 장산 화이트 뮤지엄 등 14곳이다. 그리고 ① 압해 황해교류 역사관, ② 압해 무형문화유산센터, ③ 자은 인피니또 뮤지엄(신안군립미술관), ④ 비금 바다의 문화시설, ⑤ 도초 대지의 문화시설, ⑥ 하의 대한민국 정치역사 아카이브홀, ⑦ 신의 동아시아 인권평화 미술관, ⑧ 안좌 플로팅 미술관, ⑨ 신의 한국춘란 박물관, ⑩ 지도 자수 박물관, ⑪ 자은 복합문화관광타운 등 11곳이 아트 프로젝트의 대상이다.

　이런 시도는 마케팅 전문가 필립 코틀러(Philip Kotler)가 제시했던 문화예술 기관의 마케팅 방안 중에서 시장 지향적 관점을 더욱 강화시켜야 한다는 권고와 일치한다. 앞으로 신안군에서는 미술관 고유의 전시 기능만 강조하기보다 미술관 내에서 다양한 문화 프로그램을 개발함으로써 관람객 유치에 필요한 문화 마케팅 전략을 적극적으로 구사해야 한다. 나아가 의미심장한 방문 경험을 방문객들에게 제공할 수 있는 프로그램을 다각도로 개발해야 한다.

4) 신안군의 마을 자치 활동의 가동

신안군 주민들의 마을 자치 활동도 장소 마케팅 활동을 현실에 접목하는 데 도움이 될 것이다. 제3대 미국 대통령을 지낸 토머스 제퍼슨은 마을 공화국(ward republic) 건설에 전체 공화국의 미래가 달려 있다고 주장하며, 마을 사람들이 직접 참여해서 마을 문제를 해결하는 마을 정부를 기초 공화국(elementary republic)이라고 명명했다. 이런 마을 공화국이 모여 진정한 민주주의가 전체로 확장된다는 논리를 바탕으로, 마을의 규모는 모든 주민이 직접 참여하도록 충분히 작아야 하고, 마을 업무를 적절히 수행할 정도로 충분히 커야 한다고 주장했다. 이것이 제퍼슨이 주장한 마을 공화국과 기초 공화국의 핵심 개념이다.

인도의 위대한 지도자인 간디는 진정한 독립을 위해 평생 마을 자치를 구상하고 전파했다. 간디에게 마을은 독립적인 자치 공화국이었다. 간디는 연방이 마을 공화국을 연결하는 기능을 하며, 국가의 모든 기능이 사실상 마을에 있어야 한다고 주장하며 이렇게 말했다. "마을은 가장 완전한 권력을 가진 탈중심적인 작은 정치

개별 가정		가족 스마일
동네 주민	SMILE	동네 스마일
신안군		신안 스마일
방문객		재방문 의지

[그림 6-3] 신안군 마을 자치 브랜드의 가치 체계

단위이므로 모든 개인이 직접 목소리를 낼 수 있다. 개개인은 자신
의 정부를 세우는 건축가이다." 우리나라에 비해 경제 발전이 더딘
인도에서도 1993년의 개정 「헌법」에서 간디가 제안한 마을 자치를
상당한 수준으로 보장했다.[13]

앞으로 신안군의 마을 자치 활동에서는 '필라'의 구체화를 통한
마을 자치의 방향을 정립해야 한다. 기둥이란 뜻의 필라(pillar)는
특정 개념과 목표를 달성하기 위해 구체적으로 지지하는 하위 개
념을 의미한다. 예를 들어, 스토리텔링에서 주제가 상위 개념이라
면 플롯, 소재, 주인공처럼 주제를 완성하는 데 필요한 세부 요소가
필라다. 신안군의 마을 자치를 알리는 브랜드로 스마일(SMILE)을
생각해 볼 수 있다. 스마일은 '스스로 마을 일구기'라는 의미로, 세
단어의 앞 음절을 따서 만든 두문자다. [그림 6-3]에 신안군의 마
을 자치 브랜드에 관한 가치 체계를 제시했다.

마을 자치 통합 브랜드인 스마일의 브랜드 개념을 보다 구체적
으로 정리해 보자. 즉, 안전하고 살기 좋은 마을(Safe village), 나누
는 마음으로 가득한 마을(Mind-full village), 인상적인 추억과 기회
가 많은 마을(Impressive village), 연대와 공유를 통해 성장하는 마
을(Linked village), 정서적 활기가 넘치는 마을(Emotional village)이

다. 이 다섯 가지 개념은 안전과 연대와 활기의 의미를 구체적으로 표현한 것이다. 신안군 각 지역의 마을 자치는 동네 주민과 정책 관계자들이 서로 소통하고 참여해 진정한 거버넌스를 실현할 때 비로소 완성될 수 있다.

신안군에서 주민들의 마을 자치 활동인 스마일을 지원하려면 다섯 가지 원칙을 시종일관 지켜야 한다. 신안군의 정책 관계자들은 주민 스스로 만드는 마을의 모습을 다섯 가지 영역으로 구분해 구체적인 원칙을 주민들에게 전달해야 한다. 첫째 원칙은 신안군에서 지원은 하되 간섭하지 않는 '팔 길이' 원칙이며(Support-noninterference principle), 둘째 원칙은 예산을 균등하게 나눠 주기보다 성과에 따라 평가하는 원칙이다(More and more principle). 셋째 원칙은 개별적인 마을 자치에서 신안군 전체의 마을 자치로 통합시키는 원칙이며(Integrated principle), 넷째 원칙은 단기적 성과에 치중하지 않고 장기 캠페인을 지향하는 원칙이다(Long-term campaign principle). 마지막의 다섯째 원칙은 환경과 사회 및 거버넌스를 지향하고 중시하는 ESG 원칙이다(ESG oriented principle).

5) 글로벌 마케팅 프로그램의 개발

신안군을 전 세계에 널리 알리는 글로벌 마케팅 프로그램도 구체적이고 현실적인 맥락에서 준비해야 한다. 글로벌 마케팅은 마케팅 목적을 달성하기 위해 두 나라 이상을 대상으로 하는 마케팅 활동이다. 신안군을 세계인들의 가슴속에 감동적인 장소로 자리매김하려면 콘텐츠 마케팅, 장소 마케팅, 문화예술 마케팅, 관광 마케팅 같은 여러 분야의 장점만을 택해서 신안군의 현실에 알맞게 접목시켜야 한다.

예컨대, 외국인을 위한 강좌 개발, 디지털 기반의 국제적 네트워크 구축, 국제 규모의 전시회 개최 등 여러 가지 아이디어가 있을 수 있다. 문화산업에서의 가치 창출은 기획력과 마케팅 파워 같은 경영 자산을 보강함으로써 국내외에서 경쟁력을 확보할 수 있다. 신안군을 세계적으로 알리기 위해서는 일회성 행사 위주의 기획을 지양하고, 체계적이고 지속가능한 실행 계획을 바탕으로 글로벌 프로그램을 개발해야 한다. 구체적인 실행 계획을 바탕으로 신안군의 인지도와 선호도를 제고하는 동시에 신안군이 단순한 관광지의 성격을 넘어 주목할 만한(remarkable) 장소 이미지를 정착시켜야 한다.

예를 들어, 신안군에서 반월도에 설치한 어린 왕자 조형물은 '동심의 꿈'을 상징하기도 한다. 누구나 한 번쯤은 읽어 봤을 『어린 왕자』(1943)는 프랑스의 비행기 조종사이자 소설가인 생텍쥐페리가 쓴 동화다. 초판이 출판된 이후 450여 가지 번역판이 나왔고, 지금까지 2억 권 넘게 팔린 세계적인 스테디셀러다. 신안군과 프랑스의 휴양도시 니스(Nice)시가 『어린 왕자』의 조형물을 매개로 자매결연해 관광 프로그램을 교환한다면 신안군 입장에서는 글로벌 마케팅 프로그램을 추진하는 좋은 사례가 될 것이다.

2021년 4월, 프랑스의 휴양도시 니스(Nice)시에서는 『어린 왕자』의 초판 출간 75주년을 맞이해 소설가 생텍쥐페리(Antoine de Saint-Exupery)를 추억하기 위해 니스 해변의 산책로에 옥외광고 기념물을 설치했다.[14] 니스가 어떤 도시인가? 프랑스에서 손꼽히는

[그림 6-4] 반월도의 어린 왕자 조형물

휴양도시인 니스는 모나코 공국과 이탈리아에서 가까운 지중해를 끼고 있어 마티스나 샤갈 같은 예술가들이 사랑했던 도시다. 코트다쥐르(Côte d'Azur) 지역에 포함되는 니스는 모나코 공국과 칸까지 이어지며, 지중해의 코발트빛 해안에는 호화로운 호텔과 별장이 끝없이 펼쳐져 있다.

생텍쥐페리는 1931년에 아내 콘수엘로와 니스시청에서 결혼했고, 결혼한 다음에도 몇 년 동안 니스에서 살았다. 니스시청 결혼식장의 명칭도 '생텍쥐페리 콘수엘로'로 최근에 이름을 바꿨다. 생텍쥐페리는 어린 왕자의 질문을 통해 진정한 행복이란 무엇인지 알려 주었다. 옥외광고 기념물에는 『어린 왕자』에서 작가가 직접 그

린 어린 왕자 삽화를 비롯해 여러 소품이 그대로 등장했다. 옥외
광고물에 있는 "I Love NICE"라는 문구는 미국 뉴욕시의 슬로건
"I Love NY"을 떠올리게 하지만, 니스를 사랑했던 생텍쥐페리의 마
음을 그대로 담았다. 여기에 75라는 숫자까지 더했으니, 『어린 왕
자』의 출간 75주년을 기념하기에 손색이 없었다.

  사람에 따라 『어린 왕자』를 다양한 각도에서 읽을 수 있겠지만,
이 책의 참 주제는 '더 나은 자아(自我)'를 위해 진정한 행복을 찾자
는 데 있다.[15] 반월도의 어린 왕자 조형물을 살펴본 우리나라 관광
객은 물론 퍼플섬을 구경하려고 프랑스의 니스에서 찾아온 관광객

[그림 6-5] 『어린 왕자』 출간 75주년 옥외광고 기념물(2021)

들도 '동심의 꿈'에 젖어들 것이다. 동화에 나오는 다음과 같은 명언을 따라가며 무엇이 진정한 행복인지 생각해 보지 않겠는가?

"만일 네가 오후 4시에 온다면 나는 3시부터 행복해질 거야."

"양 한 마리만 그려 줘요."

"정말 중요한 건 눈에 보이지 않아."

"사랑한다는 말은 아껴야 해."

"세상에서 가장 어려운 일은 사람이 사람의 마음을 얻는 일이란다."

"별들이 아름다운 건 보이지 않는 한 송이 꽃 때문이야."

"사막이 아름다운 건 어딘가에 우물을 감추고 있기 때문이야."

"너의 장미꽃이 그토록 소중한 것은 그 꽃을 위해 네가 공들인 그 시간 때문이야."

"누구나 처음에는 어린이였지만 그걸 기억하는 어른은 없어."

6) 호혜적인 메세나 활동의 전개

신안군의 정책 관계자들은 신안군과 퍼플섬의 관광을 활성화시킬 기금 모집(fund raising) 방법도 적극적으로 모색해야 한다. 장소 마케팅 전략에서 기금 모집 방안은 매우 중요한 실천 전략이므로 신안군과 퍼플섬의 장소 마케팅 전략에서도 기금 모집 방안을 마련해야 한다. 신안군은 기업과의 상생 전략을 모색하는 차원에서 기업 메세나 활동을 적극적으로 전개할 필요가 있다.

메세나(mecenat)란 기업의 이윤을 사회에 환원하고 문화예술

분야에 대한 지원 활동을 총칭하는 프랑스어다. 예술을 사랑했던 고대 로마제국의 정치가 가이우스 클리니우스 마에케나스(Gaius Clinius Maecenas)는 당대 시인인 호라티우스 및 베르길리우스와 돈독한 관계를 유지하며 이들의 창작활동을 지원했는데, 메세나는 그의 이름에서 유래했다. 미국, 유럽, 일본 같은 선진국에서는 오래전부터 기업인이 참여하는 메세나협의회를 설립해 자국의 문화예술 활동을 지원해 왔다. 최근에는 스포츠 활동, 사회사업, 인도주의 사업 등 각종 공익 분야로 지원 영역을 확장하고 있다. 우리나라에서도 1994년 4월 18일에 한국기업메세나협의회(www.mecenat.or.kr)가 비영리 사단법인으로 발족해 활동하고 있다.

앞으로 신안군에서는 수익 사업을 전개하거나 언론사와 연대하여 전국적인 기금 모집 캠페인을 전개하는 방안도 추진해야 한다. 신안군은 자체 보유한 콘텐츠를 바탕으로 중앙 정부, 지방 정부, 언론사, 기업, 개인을 대상으로 메세나 활동 전략을 수립하되, 상호 간에 혜택을 줄 만한 아이디어를 찾아야 한다. 이때 신안군과 퍼플섬의 콘텐츠를 국내외에 확산하며 애착의 대상으로 자리매김하도록 해야 한다. 나아가 관광상품을 개발해서 후원 집단과의 시너지 효과를 유발하도록 장소 마케팅 활동을 전개해야 한다.

제7장

지방 소멸 시대를
넘어서는
신안군의 도전

김신동(한림대학교 미디어스쿨 교수)

신안군의 퍼플섬은 2021년 12월 스페인에서 열린 유엔세계관광기구 총회에서 작은 섬 부문에서 세계 최고 관광지로 선정돼 국내외 미디어의 주목을 받았다. 노인들만 살던 조그만 섬에 관광객 38만 명이 몰려드는 이변을 낳았다. 신안군은 퍼플섬의 성공에 그치지 않고 주요 섬들마다 각자의 색깔 입히기를 진행해 나가고 있다. 아울러 예술섬 프로젝트를 통해 섬마다 박물관과 미술관을 조성하여 가 보고 싶은 섬들을 차례차례 탄생시키고 있다. 신안 예술섬 프로젝트는 인구 감소로 인한 지방 소멸이 우려되는 시대에 특히 주목을 끄는 귀중한 사례가 되었다. 사람이 떠나 버린 시골로 사람들을 불러들이고 있기 때문이다.

지역 소멸 혹은 지방 소멸이란 개념이 일상어로 등장했다. 인구 증가는 아프리카, 남아메리카, 아시아의 저개발국에서 지속되고 있지만 유럽과 북미 및 동아시아 선진국에서는 인구가 감소하고 있다. 일본과 한국에서는 인구 감소와 고령화가 급속히 진행돼 우려하는 목소리가 높다. 인구 감소의 후폭풍은 대도시와 시골 또는 수도권과 지방이 다르며, 지방 소멸 문제가 심각한 현상으로 떠올랐다. 신안군의 노력은 인구 감소로 인해 공동체의 붕괴와 소멸로 이어지는 기로에서 지역의 자치 단체와 주민들이 힘을 모아 대안적 모델을 제시했다는 점에서 의미와 가치가 크다. 이 장에서는 지방 소멸 시대를 넘어서는 신안군의 도전에 대하여 종합적으로 정리해 본다.

1. 인구 감소와 지방 소멸

저출산에 따른 인구 감소는 선진국들의 골칫거리가 된 지 오래다. 여러 나라가 출산 장려금 등을 지불하면서 출산을 독려하지만 큰 성과는 없다. 저출산과 고령화는 사실 별다른 현상이지만 두 현상이 동시에 진행됨에 따라 인구의 감소뿐만 아니라 인구의 구성에도 큰 변화가 생겼다. 전체 인구는 증가하지 않거나 줄어드는데 인구 구성에서 고령자가 차지하는 비중이 늘어나는 현상은 경제적 타격을 가져올 것이라는 전망이 매우 우세하다. 인구의 수는 소비자의 수를 의미하며, 젊은 노동 인구는 높은 소비력을 가진 소비자를 의미하기 때문에 그 비율이 줄어들면 경기는 위축되고, 경제의 크기가 쪼그라든다고 보는 것이 경제학적 주류의 시각이다. 그런데 저출산과 고령화가 꾸준히 진행돼 온 서유럽 국가들이 과연 지난 반세기 사이에 경제적 타격을 입고 무너졌나 살펴보면 꼭 그렇지는 않다. 이는 사회적 생산력과 관계되는 문제이므로 저출산과 고령화가 진행된다 해도 생산력이 유지되거나 상승하면 경제적인 문제를 일으키지는 않는다.

2007~2008년에 일본의 총무장관을 지낸 마스다 히로야는 지난 2014년에 자신의 경험과 지식을 총동원해 『지방소멸』이란 책을 냈

다. 인구 감소로 말미암아 일본의 지방 도시와 촌락이 무너지는 것을 보며 마스다는 이 문제의 심각성을 보다 널리 공유해야 한다고 생각했던 것 같다. 물론 심각성을 알린다고 해서 문제의 해결책이 스스로 떠오르지는 않는다. 그러나 문제의 심각성을 사회가 공유하는 것은 중요한 일이다. 그의 책에서 마스다는 먼저 인구 감소에 관련된 통상적인 오해를 지적했다. 일본의 경우를 통해 정리하고 있는 바이지만 한국의 경우라고 별로 다를 것은 없다. 그가 제시하는 아홉 가지의 통상적인 오해를 보면 다음과 같다.[1]

첫째, 본격적인 인구 감소는 아마도 50년이나 100년 뒤에 닥칠 것이라고 생각한다. 그런데 실상은 그렇지 않다. 이미 시작됐다.

둘째, 인구 감소는 인구 과밀로 인한 문제들을 해결해 주는 순기능도 있을 것이라고 생각한다. 그런데 인구 감소는 모든 도시의 인구 감소를 가져오는 것이 아니라 대도시로의 인구 이동과 관련된 것이어서 대도시는 오히려 인구 과밀이 격심해지고 지방이나 시골의 촌락들은 급격히 인구가 빠져나가는 현상이다. 따라서 인구 고밀로 인한 문제들이 해소되지는 않는다.

셋째, 인구 감소는 시골에서나 문제이지 대도시는 걱정 없는 것이 아닌가? 그런데 대도시의 인구는 시골로부터의 유입에 의해 유지되는 것이다. 시골의 인구가 소멸하면 궁극에는 대도시의 인구도 격감하게 된다. 특히 대도시의 출산율은 매우 낮다. 지방의 소멸은 결국 대도시의 약화로 귀결된다.

넷째, 전국의 인구가 줄어든다면 차라리 대도시에 인구를 집중시켜 생산력을 높이는 것이 해결 방안이 아닐까? 만약 지방으로부터 인구가 영원히 공급된다면 가능할지도 모른다. 하지만 지방 소멸은 결국 대도시의 인구 유입을 중단시키고 대도시의 고령화 및 생산력 저하를 초래한다.

다섯째, 일본의 경우 최근에는 출산율이 다소 개선되고 있으니 이대로 가면 인구 감소는 자연스럽게 멈추지 않을까? 이미 감소세로 돌아선 출산율로 인해 앞으로 한동안 출산력을 가진 여성 인구는 계속 줄어들 것이다. 결국 지금 상황이 개선돼 출산율이 늘어도 이들이 출산력을 가진 성인으로 성장할 때까지 수십 년 동안은 인구가 계속 감소할 수밖에 없다.

여섯째, 저출산 대책은 이미 불가능한 상태로 늦은 것이 아닐까? 이미 감소세에 있는 인구를 갑자기 되돌릴 방법은 없다. 그러나 그렇다 하더라도 저출산에 대한 대책은 하루라도 빠를수록 좋다.

일곱째, 정책으로 출산을 좌우하기는 불가능한 것 아닌가? 프랑스나 스웨덴은 정책으로 출산율을 높이는 데 성공을 했다. 정책이 만변통치가 될 수는 없지만 효과가 없는 것은 아니다.

여덟째, 육아 지원이 충분한 지방에서도 출산율 향상은 없다. 그렇다. 하지만 이것은 지방이 지닌 다른 문제들 때문에 그런 것이지 지원 정책이 무효해서가 아니다.

아홉째, 이민을 늘리면 해결할 수 있지 않을까? 다민족 국가로의 급격한 전환을 하려는 것이 아니라면 이민을 통해 출산율 저하나 인구 감소를 해결할 수가 없다. 결국은 출산율을 개선하는 수밖에 없다.

이상의 아홉 가지 사항들은 단순한 오해나 몰이해라고 볼 수도 있지만 근원적으로 해결하기 힘든 문제들도 있다. 또 일본의 경우로부터 추출된 것인 만큼 한국이나 다른 나라의 상황에 꼭 들어맞

지 않는다고 생각할 수도 있다. 예컨대, 미국의 인구 증가는 선진국
으로서는 매우 예외적인데 그 주요한 이유는 대량 이민에 있는 것
이 분명하다. 근래 미국의 대량 이민은 남미로부터 이루어지고 있
는데, 이들 이민자들은 이민 1세의 수도 중요하지만 이민 후 2세 출
산율이 매우 높다는 특징도 있다. 물론 다민족 · 다문화 국가인 미
국과 같이 과감한 이민 정책을 펼 수 있는 나라는 별로 없다. 한국
만 하더라도 불과 이십여 년 동안 이민자의 인구 비율이 높아졌고,
이런 추세는 계속될 전망이 큰 점을 고려해 보면 이민을 통한 인구
감소 억제도 무척 중요한 방안 가운데 하나임은 분명하다.

  아무튼 현재 시점에서 보면 일본이나 한국이나 지방에서 대도시
로의 인구 이동은 막을 길이 없고, 그로 인한 지방 소멸도 피할 도
리가 없다. 일본은 앞으로 이십 년 이내에 인구가 만 명 이하로 떨
어질 지방의 시정촌이 523개로 추산되며, 결국 이들은 사라질 가능
성이 높다는 예측이 나왔다.[2] 대부분 노인 인구만 남게 될 이들 시
정촌에서 인구의 재확충은 기대하기 어렵고, 외부로부터의 유입도
없으므로 남은 길은 사라지는 것뿐이다.

2. 방문 인구의 창출을 통한 지역 발전

  지역과 지방이란 중앙에 대한 상대적 개념이다. 이 개념 쌍을 통
하면 중앙이 아닌 모든 곳은 지역이거나 지방이 된다. 지역의 원래
적 의미는 일정한 지리적 위치를 말하는 것이므로 서울이나 중앙
도 하나의 지역이 된다. 하지만 그런 의미에서 서울이나 지방이 해

석되는 경우란 매우 제한적이고, 대개의 경우에는 중앙－지역/지방이라는 위계적 대척 개념어로 사용된다.

중앙이 아닌 곳은 곧 지역이거나 혹은 지방이고, 여기서 중요한 것은 자원과 권력의 불균형, 혹은 편중 현상이다. 이런 현상은 하나의 국가 단위에서 흔히 존재하지만 세계적인 수준에서도 존재하고 한 지역 내에서도 존재한다. 결국 모든 지리적 위계는 중앙－변경의 이원적 차별, 혹은 그 확장의 연장에 놓이게 된다. 그런데 이 자체가 문제가 되지는 않는다. 지역 간 격차에 의해 위계가 발생하는 것은 어쩔 수 없는 일이고, 반드시 위계를 제거해야만 하는 것도 아니다. 지역의 발전과 변화에 따라 위계의 설정은 유동적이며, 실제 국제적인 수준에서 수많은 도시가 새로운 순위를 구성하고 있다. 유례없는 경제 발전으로 국제 사회에서 불과 몇십 년 만에 후진국에서 선진국에 진입한 한국의 경우만 보더라도 지역 간 위계는 가변적인 것임을 금방 알 수 있다.

그런데 문제가 되는 것은 특정 도시나 지역이 쇠락의 국면에 처했을 경우다. 도시의 흥망성쇠는 역사에서 다반사라고 해도 당사자들에게는 너무나 위중한 문제다. 2022년 현재 한국의 지방자치단체 가운데 인구 감소 지역으로 89곳이 파악되고 있다. 이들 지역의 인구 감소는 도시로의 인구 유출과 고령화 및 저출산 현상이 모두 동시에 나타난 결과다. 취학 연령의 아동이 없어져서 마을의 학교들이 문을 닫고, 젊은 여성의 유출은 더욱 심해 결혼을 못한 농촌의 노총각이 증가한다. 결국 결혼 이주로 전입한 외국인 신부들이 늘어나고 다문화 가정이 시골의 새로운 풍속도로 자리 잡았다. 그럼에도 불구하도 인구의 감소는 역전될 기미가 없다.

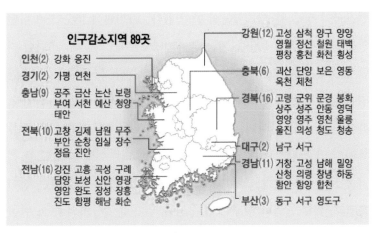

[그림 7-1] 인구 감소 지역

　전 세계적으로 도시화 및 대도시화는 산업혁명 이후 지속적으로 진행되고 있는 현상이다. 이농에 따른 도시로의 인구 이동은 산업사회의 속성이 됐다. 산업화는 도시화와 병행하며 근대화를 완성했다. 도시화를 통한 삶의 질 향상도 중요한 문제이기 때문에 이런 현상 자체를 문제로 볼 수는 없다. 근래에는 세계화의 진전과 함께 국가 단위를 넘어 메트로폴리스, 혹은 메갈로폴리스가 경제의 핵심 주체가 된다는 이론이 설득력을 얻고 있다. 이런 관점에서 보면 지방 분권이나 지역 균형 발전 등의 이름 아래 작은 지방 도시들도 모두 골고루 잘 발전해야 한다는 가정은 사실상 비현실적이기까지 하다. 그러나 그렇다고 해서 지방 소멸이 현재와 같은 형태로 진행된다면 그에 따른 경제적·사회적 문제들도 상당하기 때문에 이에 대한 대비를 안 할 수도 없다.

　지방의 인구 감소 추이를 극명하게 보여 주는 사례를 신안군의 경우에서 찾을 수 있다. [그림 7-2]를 살펴보면, 지난 반세기 사이 신안군의 정주 인구는 절반의 반이 됐다. 1970년에 166,555명이던 인구가 25년 뒤인 1995년에는 62,470명으로 줄고, 다시 25년이 지난 2020년에는 35,138명으로 최저점을 찍는다. 처음 25년간 10만 명이 넘게 줄었고, 그다음 25년 사이에 3만 명 가까이 줄었다. 산업화에 의한 이동 현상이 심했을 1960년대 후반부터 1980년대 중반까지의 인구 감소에 못지않게 1990년대에 이루어진 감소도 큰 폭임을 보면 지방의 인구 유출이 산업화의 결과만은 아니라는 점이 분명해진다. 산업화 이후에 지속되는 후기 산업사회의 구조 변동은 3차 서비스 산업의 비중이 커지는 것이 보통인데, 이 경우 대도시 집중은 더욱 강력하게 일어난다. 한국의 돈은 모두 서울에 있다

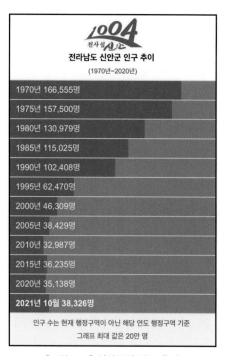

[그림 7-2] 신안군의 인구 추이

는 농담이 반드시 빈말만은 아닌 것이 여러 가지 현상으로 드러난
다. 근래 서울을 중심으로 한 부동산 가격의 폭등과 그로 인한 서
울-지방 간의 경제적 격차 확대도 지방의 약화를 보여 주는 극명
한 사례라 할 수 있다. 신안군의 경우에는 2021년의 인구가 전년도
에 비해 증가한 특이한 현상을 보이고 있다. 이것이 일시적인 현상
일지 계속 유지될 현상일지는 좀 더 두고 봐야겠지만, 일단은 섬 관
광의 성공에 따른 인구 유입의 결과가 아닐까 하는 긍정적 추측을
해 볼 수 있다.

　무릇 모든 도시나 국가의 변화 시나리오는 발전-정체-쇠락의
세 가지 선택지 가운데 하나일 것이다. 국가 경제가 지속적 성장을
유지하지 못하면 정체 혹은 쇠락의 길을 가듯, 도시도 지속적이고
안정적인 성장을 유지하지 못하면 동일한 운명에 처할 수밖에 없
다. 성장을 배제하는 공동체주의란 실제에 있어 현실성이 없으며
정체나 쇠락을 피할 수 있는 대안을 구현하지 못한다.

　도시나 지역 경제의 성장은 인구의 자연 증가나 산업 발전을 통
해 실현할 수 있다. 그러나 인구의 성장이나 산업의 발전이 막히게
되면 도시 쇠락은 피할 수 없게 된다. 일본의 경우 지방 도시의 쇠
락이 결국 도시의 소멸로 이어질 것이라는 예측이 현실로 나타나
고 있고, 이런 추세가 가속화될 전망이다. 한국도 인구 증가를 유도
하지 못하면 같은 궤도에 진입할 것이 명백하다. 인구의 자연 증가
를 기대하는 것은 현재로선 실현성이 없으며, 이민의 확장을 통한
인구 증가가 대안이지만 단기간에 실현하기는 어렵다. 이런 상황
에서, 즉 자연적 인구 증가도, 인위적 이민 장려도 즉각적 도시 성
장, 혹은 지역 발전의 요인으로 구현하기 어려운 환경에서 지방 도

시의 안정적 성장을 견인할 수 있는 방법은 무엇인가?

21세기의 지구촌 사회는 역사상 유례없는 이동성(mobility)의 증가를 목도하고 있다. 이주, 유학, 여행, 출장 등의 양식을 통해 사람의 이동이 극도로 증가하고 있으며, 이런 경향은 앞으로도 지속될 전망이다. 세계의 성장 도시들이 가진 공통적 특징은 이런 이동성의 물결 속에서 허브 혹은 목적지의 기능을 담당하는 도시들이 다 사람들이 찾아오거나 지나가는 도시라는 말이다. 생산 기지 기능을 담당하는 도시도 성장 동력이 있다.

이 가운데 어떤 형태가 됐든 간에 21세기 성장 도시의 특징은 이런 활동이 글로벌한 차원에서 이루어진다는 점이다. 글로벌은 대도시에서만 이루어지는 일이 아니고, 글로벌 프로세스에 어떤 형태로든 도시 기능이 연결될 때 성장 동력을 확보할 수 있다. 지난 20년 사이 가장 활발한 성장을 보인 한국의 지방 도시나 지역을 든

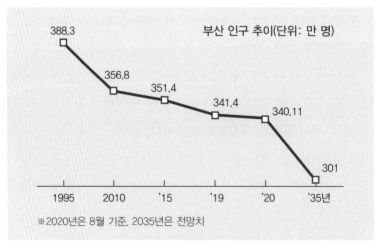

[그림 7-3] 부산시의 인구 추이

출처: 부산시(2020).

다면 단연코 부산과 제주를 지목할 수 있는데, 두 경우 모두 키워드는 글로벌 관광지로의 부상이다. 인구 면에서 부산은 감소세가 지속되고 있고([그림 7-3] 참조), 제주는 지난 20년 사이 주민등록 인구가 13만 명 이상 증가했으나 고령화는 더 심각해졌다([그림 7-4] 참조). 젊은 층은 줄고 고령층이 늘어난 것이다. 이 두 지역의 경우가 증명하는 것은 거의 자명하다. 인구가 감소하거나 고령화 현상이 진행됨에도 불구하고 도시는 성장을 지속할 수 있다는 것이다.

그러나 대부분의 지방 도시들은 이런 성공을 거두지 못한다. 예컨대, 춘천의 경우를 생각해 보자. 춘천은 수도권 상수원 보호구역으로 묶인 곳이라 생산 거점 도시로서의 전망을 기대할 수는 없기 때문에 산업단지 유치 등을 통한 도시 성장은 불가능하다. 그럼에도 비공해 혹은 무공해 산업을 부분적으로 유치하는 데 작으나마 성공하고 있다. 그러나 이런 산업들이 인구 증가에 별 도움이 되지는 않는다. 유일하게 다수의 유동 인구를 흡수할 수 있는 방법은 방문지나 경유지가 되는 것이다. 즉, 관광지로 성장하는 것뿐이다.

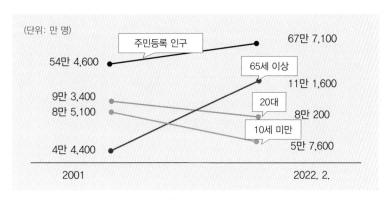

[그림 7-4] 제주도의 인구 변화

출처: 통계청(2022).

이 점에서는 지방의 대부분 도시들이 마찬가지 운명이다. 그러나 현실은 두 가지 측면 모두 매우 빈약한 수준이다. 주말 관광객들이 춘천을 찾아 방문하고 있으나 도시 성장을 견인할 정도는 아니다. 동해안으로 나가는 여행객들이 경유하여 머물다 가는 곳이 되지도 못한다. 방문지도 경유지도 되지 못하는 것이다. 춘천 역시 정주 인구와 방문 인구를 늘이려고 여러 가지 노력을 한다. 남이섬과 같은 알려진 관광지도 있고, 닭갈비나 막국수 같은 지역의 먹거리도 있다. 전철과 준고속열차, 고속도로 등 서울에서의 접근도 매우 용이하다. 산과 강, 호수 등 경관도 빼어나다. 그럼에도 불구하고 춘천의 관광산업은 도시 성장에 큰 도움이 되지 않는다. 한국을 찾는 외국인 관광객 수가 급증하고 국내 관광 인구도 늘어나는데도 불구하고 모든 지역이 관광지로 성공하는 것은 아니다([그림 7-5] 참조).

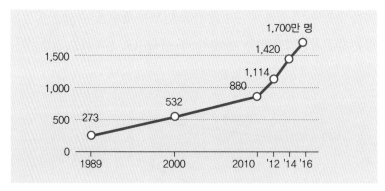

[그림 7-5] 방한 외국인 관광객 수의 추이

출처: 문화체육관광부(2017).

3. 도시 재생과 지역 개발

인구 감소로 활기를 잃은 지역이 지방에만 있는 것은 아니다. 서울과 같은 대도시 내에도 낙후 지역으로 남아 인구의 유출이 심하고 활기를 잃어버린 지역이 존재한다. 대도시의 이런 오래되고 낙후한 지역을 다시 살리려는 노력이 도시 재생(urban renewal)이라는 개념으로 구체화되고 있다. 영국의 오래된 공업 도시들이 초기의 모델을 제공했다. 지금은 세계적으로 유명한 명소가 된 런던의 테이트 모던 미술관은 원래 화력발전소였다. 산업 혁명기부터 세워진 공장들이 기능을 잃고 방치돼 도시의 슬럼으로 변해 감에 따라 주민들은 떠나고 점점 살기가 어려운 우범 지역으로 변질돼 가자 런던을 비롯한 낡은 공업 도시들은 도심 재개발을 시작했다. 공장이 예술 창작 활동의 스튜디오나 미술관, 쇼핑몰 등으로 변하기도 하고 주상복합빌딩이 들어서거나 오피스 타운이 되기도 한다. 요컨대, 사람들이 다시 살거나 방문할 수 있는 공간으로 재활을 시키는 것이다.

이런 도시 재생은 대도시이든 시골이든 동일한 목표를 가진다. 사람들이 오게 할 것. 그런데 오는 목적에 따라 정주를 위한 재생과 방문을 유도하는 재생으로 나누어 볼 수 있다. 당연히 목적에 따라 재생의 내용도 달라질 수밖에 없다. 정주용 재생은 일차적인 목표가 거주민의 생활환경 개선과 이를 통한 정주 의사의 강화다. 즉, 이탈과 유출을 막자는 것이다. 한발 더 나아가 이주 유입을 늘리는 것도 노릴 수 있다. 이 경우 외부인이 재생 지역에 굳이 방문할 유인은 생기지 않는다. 두 번째 유형은 방문형 재생으로, 방문 매력이 높은 건물이나 시설을 통해 방문객을 늘리는 방식으로 공간의 활력을 되찾고 성장을 유도하자는 것이다. 런던 테이트 모던이나 뉴욕의 하이 라인 등이 이 경우에 속한다고 하겠다. 뉴욕의 하이 라인 재생은 맨해튼의 남서 지역을 남북으로 달리던 옛 기찻길을 철거하는 대신 공원화하여 사람들이 걸어 다닐 수 있는 통로로 만든 프로젝트다. 사람이 없던 죽은 길이 되살려지고 유입 방문객이 늘자 하이 라인에 연결된 상업활동이 활성화되고 근처의 부동산도 아울러 개발되는 효과를 낳았다.

　정주형 재생과 방문형 재생이 반드시 배척이 될 필요는 없지만 목표에 따라 사업의 내용이 많이 다르기 때문에 처음부터 목표를 분명히 하고 사업을 설계하는 것이 중요하다. 그런 점이 미숙하여 죽도 밥도 안 된 사례를 서울역 부근 재생 사업에서 볼 수 있다. 서울시는 서울역 인근 동네들을 도심재생사업지구로 확정하고 지난 5년간 재개발을 억제하는 대신 기존 건물을 재단장하는 형태의 재생 사업을 유도했다. 서울역 뒤편에 위치한 용산구 서계동도 여기에 포함되는데, 서계지구 재생 사업이 전개된 과정을 보면 한국의 도심 재생사업이 통상 가진 문제점들이 그대로 드러난다. 도심 재생은 입주자의 재산권 증식이나 도시 미관 사업 등이 목적이 아니다. 낙후돼 죽어 가는 마을, 즉 사람들이 떠나고 황폐화되는 마을을 되살려 다시 사람들이 모이고 머무르게 하는 것이 목적이다. 그러므로 정주형은 주민 유출을 막고 유입 이주를 촉진하는 것이 중요하다. 반면 방문형 재생은 죽어 가는 마을에 매력적인 요소를 창조하여 외부의 사람들을 끌어들이는 것이 목표다. 서울의 북촌이나 서촌, 익선동 등이 대표적으로 성공한 방문형 재생의 본보기들이다. 방문형 재생이 성공한 곳에서는 오히려 정주자들이 떠나는 현상도 생긴다. 북촌 한옥마을에 살던 주민들 가운데 일부는 동네가 관광객들로 인해 붐비고 시끄러워지자 살기가 불편함을 호소하며 떠나는 경우도 있었다. 부동산 가격의 급등이 이주와 상업화를 부추기기도 한다.

서울시가 추진한 서울역 일대 도시 재생 사업의 개요는 〈표 7-1〉에서 확인할 수 있다. 얼핏 봐도 이 사업의 내용은 대부분이 물리적 환경 개선이 주가 되는 21세기형 새마을 운동이다. 이 사업이 실패로 귀결될 수밖에 없다는 점은 〈표 7-1〉에 잘 드러나 있다. 애매모호하고 거창한 목표, 짧은 사업 기간, 제한된 예산, 무리하게 방만한 사업 내용 등 동네 소꿉장난 같은 사업에 정치적 구호만 거창하게 달아 놓은 격이다. 세 가지 목표로 제시된 산업구조 고도화 및 지원, 문화 · 예술 및 주거 지원, 도시 환경 인프라 개선 가운데 이루어진 것은 아무것도 없다. 5년간의 사업 기간 중 계획 수립과 심의 수정에만 거의 전 기간이 소진됐다. 사업이 완료되기 전에 이 사업을 적극적으로 후원하던 지방 정부의 수장이 교체됐고 그 이후 사업은 거의 정지 상태에 놓이게 됐다. 새로운 시장은 도시 재생보다 재개발 쪽에 관심이 더 많은 형편이어서 그나마 집행되지 못한 예산은 모두 삭감되고 재생 사업은 지지부진하게 마무리되는 쪽으로 방향을 바꾸게 된다. 〈표 7-1〉은 한국의 여러 지자체가 추진하고 있는 도시 재생 사업의 취약점, 함정, 문제점을 한눈에 보여 주는 조견표와도 같다.

재생사업지구에는 이권과 의견이 서로 대립되는 구성원들이 존

〈표 7-1〉 **서울역 일대 도시 재생 활성화 지역의 사업 개요 정보**[3]

- 위치: 용산구 한강대로 405(서울역) 일대
- 슬로건(비전): 유라시아 철도 시대 국제 관문, 서울역
- 추진 전략: 지역 현안 해소, 서울역 일대의 잠재력 극대화, 지역 공동체의 참여 제고
- 재생 방향: 서울역의 위상 회복 및 도심 핵심 지역으로서 기능 강화
- 목표: 산업구조 고도화 및 지원, 문화 · 예술 및 주거 지원, 도시 환경 인프라 개선
- 사업 내용
  1. 산업경제 재생: 애니타운 상징 거리 조성사업, 염천교 수제화 활성화 프로젝트, 남대문시장 진입 광장 조성사업, 남대문 지하보도 공간 개선사업, 청파로(중림시장) 활성화사업, 서계동 코워킹 팩토리 조성, 봉제 · 수제화 팝업 스토어 운영
  2. 보행환경 재생: 중림로 보행문화거리 조성사업, 성요셉 문화예술거리 조성사업, 국립극단길 조성사업, 서울로2단계 연결길 조성사업, 남산 옛길 조성사업
  3. 역사문화 재생: 서울로-구서울역사 옥상 연결 사업, 남촌 탐방로 조성사업, 약현성당 명소화, 손기정 기념 프로젝트, 건축 자산 진흥구역 지정 및 관리 계획 수립, 계절별 축제, 한영 교류 재생 프로젝트, 청파 공원 조성사업(기본 구상 수립)
  4. 생활환경 재생: 우리 동네 가꾸기 시범사업(중림동, 서계동, 회현동, 명동, 필동), 청파언덕 명소화(테마 계단 조성사업), 남촌놀이터 조성사업
  5. 공동체 재생: 도시재생지원센터 운영, 주민 공모(아이디어 공모), 주민공동체 형성사업(공모), 도시재생기반시설 조성사업, 지역 거점 공간 운영, 요리를 통한 도시 재생 프로젝트, 서계동 복합커뮤니티시설 조성사업(기본 구상 수립), 노후 상가 등 경관 개선 지원
- 총 면적: 195.5만㎡
- 총 사업비: 598억 원
- 사업 기간: 2015~2020년

재한다. 영세한 세입자들은 대규모 재개발 사업을 두려워한다. 쫓겨나게 되기 때문이다. 다수의 지주들은 대규모 재개발을 통한 부동산 가치 급등을 선호한다. 그러나 일부 지주들은 자기 소유의 토지나 건물이 오히려 평가 절하될 수도 있다고 보고 재개발보다 재생 쪽을 선호하기도 한다. 이해득실에 따라 관계자들은 서로 다른 그룹으로 편을 짓게 된다. 예컨대, 서계동의 경우 재생을 선호하는 주민협의체가 구성되는가 하면 재개발을 선호하는 재개발추진협의회가 구성되기도 한다. 이들과 상관없이 서울시는 재생 사업의 추진을 위해 도시재생추진센터를 설립하고 이를 통해 주민 의견 수렴 등 현장 업무를 대행시키지만 센터의 인적 · 물적 역량은 아마추어 수준을 넘기 어려운 구조다. 서울시 공무원의 지휘를 받으며 임시계약직으로 일하는 소수 인력이 할 수 있는 일은 별로 많지 않다.

결국 사업이 진행되는 동안 가시적인 성과로 이루어진 사업들은 앵커하우스 건축, 담장 및 골목 단장, 주민 편의시설 확충, 담장에 그림 그리기 같은 것들이다. 앵커하우스로 조성된 집들이 주민들에 의해 적극적으로 활용되는 일은 거의 없다. 결국 예쁜 빈집을 지어 놓은 꼴이다. 이 사업이 주민들의 생활환경 개선 사업일 수는 있지만 도시 재생을 통한 인구 유입 사업인지는 모호하다. 도시 재생의 경우 기존의 주민들에게 생활 편의시설을 늘려 주는 쪽으로 가닥이 잡히면 더 이상 도시 재생 사업이 아니게 될 공산이 크다. 인구 유입 효과가 거의 발생하지 않기 때문이다.

서울시의 이런 사업 실패에 비하면 신안군의 퍼플섬 전략은 매우 성공적인 프로젝트다. 사업의 목표가 명확하고 이를 달성하는 방법도 분명하고 구체적이다. 섬에 보라색을 입힌다고 해서 주민들의 생활환경이 편리해지거나 이주민이 당장 늘어나는 것도 아니다. 그러나 섬에 특색 있는 콘텐츠를 창조하고 관광지로서의 가치를 높임으로써 방문 인구 유입을 폭발적으로 제고하는 데 성공했다. 기존의 정주 인구에 초점을 맞추지 않고 미래의 방문 가능 인구에 초점을 분명히 맞춤으로써 인구 유입 효과를 제대로 달성하게 된다. 반면 서계동의 경우 서울역 역세권이라는 최고의 접근성을 지닌 동네임에도 불구하고 인구 유입을 자극할 수 있는 어떤 사업도 시행하지 못한 채 동네 주민들의 환경 개선 소원 수리에 휘말려 시간만 질질 끌다가 사업을 종료해 버린 사례로 남았다.

4. 매력적인 여행지를 만드는 신안의 창의적 실험

1004섬으로 이름을 붙인 신안군은 한국에서 단연 가장 많은 섬을 보유한 군이다. 다도해의 서남단을 차지한 신안은 과거 교통이 불편하던 시절에는 소외와 고립의 대명사처럼 여겨진 적도 있었다. 그러나 고속철도, 국제공항, 서해안고속도로 등으로 연결된 지금 신안의 아름다운 섬들은 미래의 가능성으로 떠오르고 있다. 물론 자연의 아름다움만 가지고는 매력적인 방문지가 될 수 없다. 신안군은 지난 십여 년 동안 자기만의 특색을 살린 매력적인 관광지로 거듭나기 위하여 다양한 실험을 진행해 오고 있다. 섬들에 색을 입히기 위해 꽃과 나무를 심고, 지붕과 벽을 같은 색으로 도색하고, 갯벌을 건너는 나무다리 등을 건설하는 등 창의적인 노력을 꾸준히 실행하고 있다. 퍼플섬의 성공은 그러한 실험들 가운데 하나일 뿐이다.

신안이 추진하고 있는 매우 독특하고 중요한 사업으로 1도 1뮤지엄 프로젝트가 있다. 신안군은 아홉 개의 박물관, 열 개의 미술관, 세 개의 공원과 세 개의 전시관 등 모두 스물다섯 개에 이르는 명소를 관내 주요 섬들에 만들고 있다. 그 가운데 열 넷은 이미 완공이 됐고, 나머지도 2025년 전에 완공될 예정이다. 이 사업은 미래에 대한 확고한 비전을 담보한 매우 야심찬 프로젝트다. 섬들에 들어선 뮤지엄은 하나하나가 독특한 가치와 특색을 갖추고 있으며, 실제 방문했을 때 기대 이상의 만족감을 선물해 준다. 섬들에 컬러링을 하여 시각적 특색을 창조적으로 부여해 주는 것과 마찬가지로 섬마다 들어서는 뮤지엄들은 각 섬의 정체성 및 분위기에 영향을 준다. 또 이들 뮤지엄은 독립적으로 들어서 있지만 섬과 섬을 연결하는 뮤지엄 투어의 네트워크가 되기도 한다.

신안의 변화가 뮤지엄 건축으로 국한되지는 않는다. 신안군 중도면의 기점 · 소악도는 주민 백여 명 정도가 사는 작은 섬이다. 이 섬에는 12사도 예배당이라고 하는 열두 개의 자그마한 교회가 만들어져 있다. 마치 미니어처 교회라고 부를 만한 건물들로, 사람 몇이 들어가면 꽉 차는 정도의 작고 예쁜 예술품들이다. 실제로 신안군은 이 교회당들을 건축한 국내외 작가들에게 건축비를 지급할 방법을 찾다가 작품 구입비로 처리를 했다고 한다. 작은 섬 기점 · 소악도에는 이 열두 개 교회당들이 걸어서 이십 분가량의 거리를 두고 여기저기 퍼져있다. 교회당 세 개를 돌면 한 시간가량이 걸리는 식이다. 열두 곳을 모두 다 방문한다면 네 시간 이상이 걸린다.

[그림 7-6] 12사도 예배당

그런데 교회당을 잇는 길은 갯벌과 바다 풍광을 마음껏 즐길 수 있
는 아름다운 길이다. 겨울 비수기에 사람들이 별로 없는 날 친구들
과 기점·소악도를 방문했다. 아직 쌀쌀한 날씨에도 불구하고 태
양은 눈부시게 밝은 날을 선사했으며, 갯벌과 바다는 가슴 저리게
아름다웠다. 그 길을 걷는 것만으로 마음의 평안과 행복이 가득 차
오르는 체험을 할 수 있었다. 언젠가 다시 오리라 하는 다짐을 새기
며 섬을 떠났다. 내가 다시 기점·소악도를 찾을까? 알 수 없다. 기
점·소악도 자체는 너무나 작은 섬이어서 다른 시설들은 아무것도
없다. 하지만 목포나 신안, 진도 혹은 해남 등지에 내려간 이삼일만

이라도 휴가를 보내는 기회가 생긴다면 한나절 정도는 기점·소악
도에서 산책을 즐기고 싶어질 것 같다.

신안은 색을 이용한 컬러 마케팅, 꽃과 나무 식재를 통한 그린 마
케팅, 그리고 뮤지엄 건축을 통한 아트 마케팅을 통해 섬들을 밋밋
하고 특색 없는 곳에서 각자의 독특한 흥밋거리를 지닌 매력적인
관광지로 탈바꿈시키고 있다. 신안의 이런 비전과 노력은 인구 감
소로 인한 지방 소멸의 시대에 위기를 기회로 전환하는 현실적인
출구 전략이다. 인구 감소의 시대에 정주 인구를 늘려 도시의 활력
을 되찾겠다는 생각은 현실성이 없다. 인구가 늘면 사회가 발전한
다는 단순한 믿음은 항상 사실인 것도 아니다. 인구=경제력이라면
인도나 중국, 파키스탄, 방글라데시 등이 잘 사는 나라여야 맞지 않
은가? 인구가 많다 적다 과잉이다 아니다 등은 모두 상대적인 평가
일 뿐이다. 기준도 과거에 비해서 혹은 이웃 국가에 비해서 등과 같
이 애매하다. 앞에서 말했듯이, 세계의 인구는 늘고 있으나 선진국
인구의 비중은 점점 줄어들고 있다. 선진국의 대부분은 인구 감소
나 정체, 고령화 등을 겪고 있지만 대부분의 선진국은 여전히 선진
국의 지위를 유지하고 있고 삶의 질 또한 가장 나은 형편이다. 인구
감소로 경제의 활력이 떨어지고 지방은 소멸하며 결국 큰 재난을
겪게 될 것이라는 우울한 주장은 아직 좀 더 확실한 근거를 찾을 필
요가 있다.

지구의 거의 대부분 지역에서 인구의 대도시 집중은 지속되는
현상이다. 선진국의 경우에는 더욱 심해서 도시 거주 인구 비율이
이미 80%에 달한다. 전 세계적으로도 이미 도시 지역 거주자가 농
촌 지역 거주자의 수를 앞질렀다.[4] 언젠가 가까운 미래에는 인구

의 대다수가 도시에 거주하는 일이 생길 수도 있다. 그렇다면 시골
은 사라지는가? 꼭 그렇지는 않다. 도시에 거주한다고 해서 시골
에 오지 않는 것은 아니다. 보다 많은 사람이 도시와 시골에 이중
거주를 할 수도 있고, 시골 지역은 당일 방문 혹은 중장기 방문지
로 삼을 수도 있다. 요컨대, 정주의 개념과 기준이 달라진다는 것이
다. 나만 하더라도 지난 이십여 년 간 춘천과 서울에 양다리를 걸친
채 살아오고 있다. 나는 주민등록상 서울 사람이지만 실생활을 보
면 춘천에 있는 시간이 더 길다. 게다가 매년 외국에서 보내는 시간
도 평균 두 달가량은 될 것이다. 이 경우 나는 어디 사는 사람이라
고 봐야 하는가? 도시로의 이주, 물리적 이동성의 증대, 재택근무
혹은 노마드 근로자의 증가 등등으로 인해 과거와 같은 붙박이 정
주는 약화된다. 여행과 관광은 늘어나며 일상의 일부가 되고 있다.
결국 방문 인구의 중요성이 정주 인구의 중요성 못지않게, 혹은 그
이상으로 중요한 시대가 됐다.

　인구의 대다수가 도시로 집중하는 현상이 멈추기 어려운 추세라
면 지방의 모양과 기능은 어떻게 달라져야 할까? 지방은 앞으로 도
시 거주자들이 휴가와 휴식, 혹은 삶의 풍요를 위해 탈출하여 방문
하는 장소로서 매력과 가치를 가져야 되는 운명이다. 서서히 진행
되기는 했지만 살펴보면 산업화 사회의 지방 도시들이 그런 양상
으로 변화해 온 것이 사실이다. 1차 산업의 생산지로서 가치와 기
능을 제외한다면 지방의 흡인력은 관광과 여행의 목적지로서 방문
객들을 매혹하는 것일 뿐이다.

　방문 인구의 대표적인 유형이 관광객 혹은 여행자들이다. 관광
이나 여행에도 유형이 여러 가지가 있고 그 형태와 내용이 갈수록

복잡해지고 있다. 일회성 경치관광, 휴양형 관광, 지식체득형 관광, 살아보기 여행, 여기에 최근에는 노마드형 근로자들이 늘고 있어 여행과 관광의 다양한 형태가 등장하고 있다. 국제 항공업도 지속적으로 확장 발전하고 있고 국경을 넘는 인구의 이동도 증가하고 있다. 유동하는 여행자들이 매력을 느끼고 기항하는 목적지 혹은 경유지가 되려면 어떤 전략이 필요한가? 도시가 일자리와 수입, 성장과 개발의 기회를 제공하는 곳이어서 사람을 끌어당긴다면 지방은 무엇으로 사람들을 끌어당길 수 있는가? 도시가 박탈한 것들, 예컨대 휴식과 안정, 여유와 안전, 재미와 모험 등과 같은 것들이 지방의 매력이 될 수밖에 없다. 이 책에서 살펴본 일본의 나오시마 섬이나 그리스의 산토리니 같은 경우가 방식은 서로 다르지만 이런 매력을 창조함으로써 세계적인 관광지로 부상한 것임을 알 수 있다. 지방의 작은 도시들이 소멸하지 않고 발전하는 방법은 도시인의 여행지로서 매력을 발산하는 것이고, 그 매력을 더하는 과정에서 유의해야 할 것들이 있다.

첫째, 지방의 성공적인 관광지 혹은 여행지들은 자연적 아름다움이나 비경만으로 성공하지 않는다. 자연이 부여한 여건은 성공의 일부 자원에 불과하다. 보다 중요한 요인들은 인공적으로 창조되거나 축조된 것들이다. 예컨대, 신안의 섬은 멋진 바다와 건강한 갯벌, 다도해의 섬들이 만들어 내는 예쁜 풍광이 있다. 깨끗한 해변과 기암의 절경도 있다. 하지만 퍼플섬의 경우에서 보듯이, 컬러 마케팅을 통해 섬에 특색을 창조하지 않았다면 이름 모를 낙도로 묻혀 있을 것이다.

둘째, 특색을 한두 가지 만든 것만으로는 지속성을 유지하기가 어려울 수도 있다. 잠시 반짝하다가 기억에서 사라져 버릴 수도 있다는 말이다. 관광지들은 일회성으로 족한 곳과 반복 방문을 생산하는 곳으로 나뉜다. 제주도가 성공한 큰 이유 중의 하나는 반복 방문의 이유를 제공하는 데 성공했다는 것이다. 한라산 등반을 정기적으로, 혹은 부정기적이지만 반복해서 하는 사람들도 있고, 흑돼지나 다금바리 등 제주 음식을 그리워하는 사람들도 있다. 올레길 걷기를 반복적으로 하는 사람들도 있고, 자전거를 타고 섬을 도는 사람들도 있다. 한라산 등반로, 제주의 음식들, 올레길과 자전거 도로 등 모두가 인공적으로 만든 것이다. 이제는 전통적 음식에 더해 멋들어진 카페와 호텔, 미술관, 박물관, 다양한 메뉴의 국제화된 식당들도 줄줄이 들어서서 방문자들의 선택지를 넓히고 있다.

셋째, 21세기의 모든 관광지는 세계인을 상대로 하는 여행지가 돼야 한다. 국내용 관광지에 머물러서는 지역 재생의 효과를 누리는 데 한계가 있다. 국내용과 국제용 사이에는 태평양 같은 간극이 있다. 인도네시아 발리섬의 우붓이라는 조그만 마을은 매년 3백만 명의 외국인 관광객을 불러들인다. 에게해의 조그만 섬 산토리니는 2백만 명의 관광객이 찾는다고 한다. 국내 관광지로 성공하다 보면 외국인도 많이 온다는 식으로는 부족하다. 글로벌 마케팅을 적극적으로 해야 한다.

넷째, 우붓의 경우를 다시 예로 들면 문화와 예술 및 특산품이 잘 어우러져 있는 것이 특징인데 매우 중요한 흡인 요인이다. 3만 명 정도 인구를 가진 이 작은 농촌 지역은 문화관광지로 제법 전 세계에 알려져 있다. 대체 뭐가 있길래 문화관광지로 유명한가 싶어 이 구석 저 구석 살펴봤더니 토산 공예품이 이 거리 저 거리에 가득하다. 이 집이나 저 집이나 같은 물건을 가져다 놓고 파는 것 같아 처음엔 별로라고 생각했는데 자세히 들여다보니 공예품의 종류가 상당하다. 나무, 돌, 쇠붙이, 종이, 옷감, 유리 등등 오만 가지 재료가 다 '만들기'의 소재요, 그 기술 수준 또한 지갑을 열게 한다. 좋은 음식과 서비스, 미술관, 자연공원 등 쉬고 놀기에 아쉬움이 없다. 관광객만이 아니라 디지털 노마드로 불리는 젊은 하이테크 재택근무자들도 많다.

　문화관광으로 성공한 작은 도시 우붓을 보며 한국의 관광지들을 생각해 보면 아쉬운 점이 있다. 제조업 강국으로 성장하는 사이 한국은 손으로 만드는 장인산업이 쪼그라져 버렸다. 모든 제품이 공장에서 척척 만들어져 세계 시장에서 팔린다. 성공의 저주라고 해야 할지 모르겠지만 공장의 발전이 수공업을 도태시킨 결과가 관광산업에서는 단점으로 등장할 수도 있는 것이다. 시장에 가서 사다 쓰기만 하는 사이에 인간의 만들기 본능은 모두 거세되고, 대한민국의 모든 마을은 공장 제품으로 넘쳐난다. 그림을 그리고 물건을 만드는 일은 남의 일이요, 전문가들이나 하는 일이 됐다. 우붓에 가 보니 그리거나 만드는 일이 우리 일이요, 누구든 관심 있으면 하는 일처럼 보였다. 우붓이 그림과 공예로 유명한 문화관광지가 된 뿌리에는 독일인 화가이자 음악가인 발터 슈피츠가 1920년대 후반에 건너와 마을 사람들에게 미술과 음악 등을 가르치기 시작한 역사가 숨어 있다. 불현듯 우리가 가르치는 것은 무엇인가 하는 생각을 하지 않을 수 없는 대목이다. 우리가 축조한 교육 시스템은 그리거나 만드는 일에 인색하다. 외우고 문제 푸는 것을 중심에 두고 이미 여러 세대가 지났으며, 그러다 보니 그리고 만들기를 가르칠 사람도 별로 없게 됐다. 과연 우리 아버지들처럼 망치와 톱을 꺼내서 강아지 집이라도 만들 수 있을까?

만들기의 실종은 물건의 실종에서 그치지 않는다. 창작의 상상력을 도태시킨다. 필요한 무언가를 직접 만들 수도 있다는 자신감을 지워 버리고, 뭐든 필요한 것은 사야 된다는 고정관념에 묶어 놓는다. 고도화된 분업사회에 익숙해진 현대 산업사회의 주민은 소비는 하되 생산은 못한다는 효율성의 덫에 걸리게 된다. 현대 사회는 엄청난 물량을 고급으로 신속하게 생산하지만 분업과 기계에 의한 시스템이 개별적 주체의 작은 창조성을 대체한 지 오래다.

공장제 산업사회에서 탈출하여 문화산업이나 문화관광을 미래의 먹거리로 삼고자 한다면 이제부터라도 발터 슈피츠를 생각해야지 않을까? 작가가 되기 위해서가 아니라 그냥 누구든 모두 뭐라도 만드는 사회다. 춘천과 같은 지방의 소도시를 매력 도시로 천천히 바꾸어 줄 수 있는 힘과 가능성은 작은 만들기의 복원과 개발에서 구해질 것 같다.

이동성이 고양되고 있는 세계에서 매력을 갖춘 기항지가 되지 못하면 도시는 쇠락을 면할 수 없다. 도시의 매력은 볼 것, 먹을 것, 쉴 곳, 놀거리 등이 잘 갖추어질수록 고양된다. 춘천은 닭갈비와 막국수라는 단순 매력을 뛰어넘어야 한다. 신안이나 목포도 홍어회나 산낙지를 뛰어넘어야 한다. 다행히 아름다운 산과 바다, 섬과 예술, 고속도로와 고속열차, 국제공항이 있다. 이런 좋은 조건에 매력을 더한다면 여행객들의 인기 기항지가 될 가능성이 많다. 그 핵심을 예술과 문화의 섬으로 새로 단장하는 데에서 찾은 것은 경탄할 일이다. 공예품을 만들고, 이벤트를 만들고, 더 창의적인 요리도 만들고, 행사를 만들고 하는 일이 일어나는 사이에 신안의 섬들은 전 세계 관광객과 여행자들의 목적지가 돼 사람들로 넘쳐나는 지방 도시가 될 수 있다.

뛰어난 관광지의 다른 특징은 고립이 아닌 연계와 연결에서 찾을 수 있다. 고립무원한 장소가 많은 사람의 발길을 유인하기는 어렵다. 산토리니는 홀로 성공한 섬이 아니다. 아테네로 향하는 엄청난 수의 고대문명 관광객들이나 미코노스를 찾는 해변 피서객들이 여행 경험을 더 확장하도록 유인하는 것으로부터 산토리니의 성공이 시작됐다. 그렇게 쌓은 명성은 역으로 산토리니를 겨냥하고 오는 관광객들로 하여금 아테네나 미코노스도 방문하도록 유인한다. 이제는 항공 루트에 따라 이스탄불에서 산토리니로 연결되는 방문객도 늘고 있다. 유럽의 주요 도시에서 산토리니로 직항이 늘고 있어 유럽의 대도시로 유입되는 모든 관광객은 잠재적으로 산토리니행을 여행 일정에 덧붙이기가 쉬워졌다. 신안의 예술섬들이 인천이나 김포를 통해 무안이나 목포로 연결되도록 길을 내는 것이 중요하다. 나아가 동경이나 오사카, 북경이나 상하이, 홍콩이나 싱가포르에서 무안으로 전세기가 취항되고 정규 노선이 열리게 하는 정책을 추진해야 한다. 앞으로 신안군의 도전과 실험은 그런 방향으로 계속돼야 한다.

제8장
박우량 군수와의
대화

- 진행: 홍경수 교수, 김신동 교수
- 일시: 2022년 2월 9일
- 장소: 전라남도 신안군청 군수실

홍경수 교수: 안녕하십니까, 군수님. 귀한 시간 내 주셔서 감사합니다. 신안군에 오면서 느낀 것이 공기도 깨끗하고 자연 경관이 무척 아름답다는 것입니다.

박우량 군수: 신안군은 천혜의 자연을 가지고 있는 땅입니다. 해무가 섬을 완전히 휘감아서 지나가고 바다에서 올라오는 해무와 염분이 듬뿍 담겨 있는 이슬비 같은 것들이 농작물을 쓸고 가요. 그러니까 제가 보기에는 우리나라 최고의 친환경이 아니고 유기농 농업의 메카예요. 대체적으로 섬에는 농지가 적은 편인데, 우리 신안군은 갯벌이 막아 놔서 그 갯벌을 이용해 농지를 많이 확보를 해서 섬이지만 주 농산 지역입니다. 지금 새우젓도 80%를 생산하고 있습니다. 새우젓, 젓만 하더라도 한 20가지 돼요. 신안군의 면적이 서울시의 22배예요. 바다 면적까지 다 포함해서요. 거기가 다 우리가 먹고사는 농수산물의 생산지죠. 도시 근교에서 재배한 쌀은 미세먼지, 비산먼지 다 먹고 나쁜 공기 다 흡수합니다. 반면, 신안은 온 밭이 겨울에도 완전히 시금치 밭이어서 푸른 잔디밭이랑 똑같은데 그런 데서 생산한 농산물과 비교할 수 없습니다. 섬 지역에서 비산 먼지 하나도 없이 자란 이런 농작물과 대도시 인근에서

자란 그런 농작물을 똑같은 가격에 판다는 것은 소비자들을 우롱하는 것과 마찬가지입니다. 소비 체계에서 조금 생각할 필요가 있는 부분입니다.

김신동 교수: 전 앞으로 신안 쌀만 먹어야겠네요. (웃음)

박 군수: 사람만 맑은 공기가 필요한 것이 아니잖아요. 농작물도 맑은 공기가 필요해요. 서울 근교 여름에 가서 보면요, 생활하수 내려와서 그 물 갖다가 농사짓는 게 사실입니다. 여기는 다 하늘에서 내려온 물입니다. 계곡도 없는데 하늘에서 내려온 물을 다 가둬 가지고 그거 갖고 농사를 지으니까 가뭄이 심하게 되면 농사 못 짓습니다. 그래서 이제 김학용 의원이라고 안성 국회의원 이번에 출마한 친구 있어요. 그 친구가 저하고 오래 알아서 쌀을 좀 보내 준다고 한 10년 전에 그랬더니 "아, 군수님 안성 쌀 몰라요? 안성 쌀이 진정한 쌀이에요." 그러더라고요. 그래도 한번 드셔 보시라고 쌀을 좀 보내 줬어요. 한 4kg. 다음날 쌀을 드시고는 전화 와서 "군수님 쌀이 뭐 이렇게 달라요?" 그러니까 안성 쌀은 여성같이 부드럽다는 거죠. 신안 쌀은 남성처럼 아주 에너지가 있게 그렇게 느껴진다는 겁니다. 바로 그거다. 신안은 정말 에너지가 팍팍 튀는 그런 토지를 갖고 있다. 갯벌에서 소금기를 빼서 만든 거란 말이죠. 그런데도 다른 지역과 경쟁을 하려고 해도 농수산물의 품질만 갖고는 경쟁이 안 됩니다. 제가 광고를 그만큼 많이 때린다 한들 소비라는 것에는 한계가 있어서 지금 제가 생각하는 것은 역발상으로 가는 거예요. 어떻게 가냐? 지금 우리가 생각하는 것이 첫째 이 섬의 아

름다운 자연 경관을 보존하면서 할 수 있는 것, 즉 섬을 에코 뮤지
엄으로 만들자. 그래서 섬 별로 한 섬 한 섬을 정원처럼 만들자. 그
래서 도초도를 수국의 섬으로 네이밍해서 지금 100만 본을 심었어
요. 앞으로 200만 본을 더 심을 거예요. 도초도에 6월에 가면 온 천
지가 수국 꽃이 피는 섬을 만들 생각이에요. 도초도뿐만 아니라, 임
자도에는 3월에 가면 섬을 완전히 붉게 불태우려고 그래요. 홍매화
섬으로.

왜냐하면 150년 전에 우봉 조희룡 선생이 거기 유배 와서 홍매
화를 소재로 동양화를 그렸습니다. 비금도라는 섬은 해당화가 많
은 섬이어서 봄부터 겨울까지 붉은 꽃만 심어 가지고 피는 섬, 장
하성 교수의 고향인 장산도는 화이트의 섬, 그래서 봄부터 겨울까
지 흰 꽃만 심는 겁니다. 지도는 라일락 섬, 선도는 수선화의 섬,
병풍도는 맨드라미 섬, 압해도 분재공원의 애기동백도 사실 신안
에는 많이 없어요. 그래서 제주도에서 3만 그루 사 왔거든요. 제주
도에는 없을 겁니다. 동백은 3월 15일부터 5월 말까지 꽃이 피니
까 춘백이죠 사실은. 3월에 피워도 겨울 기운이 있으니까 동백이
라고 불렀던 것 같아요. 그런데 애기동백은 12월 10일부터 피어서
2월 말까지, 3월 정도까지 가요. 그러니까 내가 보니 진정한 동백
은 애기동백이죠.

섬을 에코 뮤지엄으로 만드는 콘셉트

홍: 그렇군요. 겨울에 피는 애기동백 매력적이네요.

박: 그런데 제가 왜 애기동백에 집착을 했냐면 바닷가가 바람이 많아요. 서울보다는 따뜻한데, 그래도 바람이 많이 부니까 좀 차갑게 느껴져요. 그런데 그렇게 추운 바람 속에 저렇게 빨간 꽃이 피면 심리적으로 2, 3도 정도 따뜻하게 느껴지더라고요. 빨간 꽃이 피었으니까요. 겨울에 피는 꽃을 찾고 싶어서 제주도에서 밭떼기로 사고 한 겁니다. 앞으로 전국 어느 곳에서도 볼 수 없는 세계 최고의 눈 내린 곳에 피는 꽃을 보게 될 거예요. 올해만 하더라도 코로나 상황인데도 4만 5천 명이 다녀갔어요. 45일 동안 그것도 돈 5천 원씩 내고. 제 판단에 자연을 살리면서 숲을 살리면서 섬을 푸르게 울창한 섬, 꽃이 만발한 섬, 겨울에도 꽃이 피고 사계절 꽃 피는 섬을 만들어 놓으면 그게 브랜드가 되겠더라고요. 무엇보다 한국 사람이 꽃을 너무 좋아해요.

홍: 그렇죠.

박: 그래서 지금까지 꽃 축제를 해 가지고 대박 안 난 것이 없어요. 사람들이 그렇게 섬에 많이 옵니다. 스토리를 탄탄하게 만들어서 섬 하나하나를 공원화하는 것을 목표로 해야 되겠다고 생각한 겁니다. 북쪽에 있는 섬은 봄 꽃 중심으로 튤립, 홍매화, 라일락, 수선화로, 남쪽에 있는 섬은 이제 여름 꽃 중심으로 저 밑에는 겨울 꽃 중심으로 한 섬에 한 가지 꽃을 집중적으로 심어 놓으면 누구든 오면 '아!' 소리가 나게 그렇게 저희들이 생각을 하고 있습니다. 오늘 갔던 저 환상의 정원 팽나무 걸어 보셨죠?

홍: 예. 너무 아름답고 울창해서 깜짝 놀랐습니다.

박: 우리나라에서 유일해요. 60년에서 100년 된 팽나무를 10리 길이나 심어 놓은 데는 우리나라에서 유일해요. 전국 시장 군수들이 와서 감동 안 한 사람이 없습니다. 산림청장도 와서 보고 감동하고 갔는데 "어떻게 이렇게 아름다울 수가 있나"라고 감탄했어요. 저 팽나무들은 산 가에 한두 그루, 마을 어귀에 한두 그루, 밭 가에 한두 그루 있는 것을 다 모아서 740그루를 5t 트럭에 하나씩 싣고 740대의 차가 저 섬에 데려온 겁니다. 전문가들은 팽나무가 섬에 와서 다 죽는다고 그랬어요. 저렇게 큰 나무들이 생활환경이 다른 곳에서 살기 어렵다는 거예요. 하지만 열네 그루 죽고 다 살았어요.

김: 그런데 왜 팽나무를 선택하셨어요?

박: 30년 전부터 해남군 문내면 고당리를 몇 차례 방문했는데, 냇가를 따라서 오래된 팽나무 수십 그루가 서 있는 모습이 너무 아름다웠어요. 특히 겨울철에 잎이 지고 난 다음의 팽나무 모습이요. 2006년 이후 팽나무 숲길을 만들 적지를 찾고 있었는데, 마침 전라남도에서 도초도에 사파리의 섬을 만들 계획을 세우고 2013년부터 24만 평의 토지를 매입했었습니다. 도초도에 충분한 토지가 확보되어 있었기 때문에 꿈꾸었던 아름다운 숲길을 도초도에 만들게 됐고, 바닷가에서 팽나무가 제일 잘 살고 원래가 바닷가에 있었던 자생 나무 중에 하나예요. 우리나라 최고의 10리길이에요. 4km 팽나무길 10리길인데 지금보다 앞으로 4, 5년 가면 더 빛을 발하고,

바로 옆 용수로에 비쳐서 총 8km의 팽나무길이 생겼어요. 두 배로 늘어난 거죠. 물에도 팽나무가 있고, 땅에도 팽나무가 있는 셈이죠. 조달청 단가로 한 220억 소요되는 것을 저희는 직접 나무를 사거나 전국에 있는 사람들로부터 기증 받았어요. 저것이 지금 조달청 단가가 800만 원에서 1,300만 원인데 우리는 50만 원에 받았어요. 그리고 그분들이 중간 상인들한테 다시 50만 원 주고 트럭에 실어 이동해 달라 해서 100만 원씩 들었죠. 큰 나무이기 때문에 분을 적게 뜨면 죽어 버려요. 여기 와서도 바로 적응이 안 돼 어떻게 했냐면 나무 한 그루마다 대나무에 스프링클러를 달아서 나무 꼭대기까지 올렸어요. 게다가 여름철에 잎으로 영양분을 주는 엽면시비(葉面施肥)를 했어요.

홍: 밑에서 영양분 빨아올리는 데 시간이 걸리니까요?

박: 네. 잎도 95%를 떼어 내고 위에서 스프링클러가 내려가고 그래서 지금 저렇게 해 견뎌 낸 거죠. 그러니까 지금 모든 섬을 저렇게 하나씩 하나씩 스토리를 만들어 가려고 생각하고 있습니다.

세계적인 톱 예술가들을 신안으로 모으다

박: 두 번째는 문화예술. 문화예술 그러면 도시만 생각해요. 신안군은 우리나라에서 재정자립도 우리가 꼴등이에요(2022년 재정자립도 6.61로 243개 지자체 중 241등). 인구 4만 명 정도의 이 작은 군에서 지금 1도 1뮤지엄 정책을 펴고 있어요. 그것도 국내 작가가

아니라 세계 톱 예술가들을 초대하는 프로젝트입니다. 올라퍼 엘리아슨 한번 검색해 보세요. 세계적인 톱 작가, 현대미술의 흐름을 바꾸는 덴마크의 유명한 작가인데 그분이 도초 수국공원 가운데에 미술품이면서 미술관을 짓기로 하고 지금 설계 중에 있어요. 뿐만 아니라, 앤터니 곰리하고 제임스 터렐, 올라퍼 엘리아슨을 유치하면 관광객 100만 명도 올 겁니다.

홍: 그렇죠.

박: 마리아 보타가 설계한 미술관을 짓고 있고, 나오시마 옆에 있는 이누지마 제련소를 미술관으로 만든 야나기 유키노리가 안좌도 김환기 선생 고향 마을에 저수지 3만 평에다가 물에 뜨는 미술관을 지금 짓고 있어요. 세계적인 문화예술이 꽃피는 섬을 만들어서 젊은 사람들이 오고, 그것도 2, 30대 여성들이 오는 그런 섬으로 만들겠다는 계획입니다. 서울에서 가장 멀고 교통도 불편한데 거기가 문화예술을 통해서 관광지로 만들겠다는 겁니다. 스페인의 빌바오가 프랭크 게리의 건축물 하나 가지고 문화도시가 됐다고 한다면 우리는 빌바오보다 더 어려운 여건이에요. 도시도 아니고, 배를 타고 가야 되고, 그렇게 먼 섬에 또 다양하게 떨어진 수십 개 섬에 그런 뮤지엄을 만들어서 우리나라 지역 개발의 모델 사례를 만들려고 합니다. 섬별로 뮤지엄과 함께 아름다운 공원을 만들고 특성화된 꽃을 심어서 그 계절에 그 섬은 꼭 한 번 가 보도록 이렇게 전략화 하면 제가 보기에 정말 한계점에 다다른 이런 섬 지역이 충분히 재생할 수 있다고 봅니다.

　제가 부임해서 퍼플섬을 시작할 때 평당 1만 원 갔지만, 지금은 20만 원 줘도 못 사요. 날마다 팔면 오른다고 하니까. 퍼플섬도 제가 오기 전 이미 다리 만드는 계획이 확정이 됐던 겁니다. 고민이 시작됐지요. 외지 사람 100명 건너다니라고 50억을 투자하다니. 사업 취소할 수 있냐고 물으니 그럴 수 없다고 해서, 이걸 좀 더 화끈하게 부활을 시키는 촉매제로 부각시켜야겠다고 생각해서 컬러를 써 보자. 검색을 해 봤더니 보라색 섬은 전 세계에 없었어요. 그러면 보라색 섬을 한번 만들어 보자. 지역 주민들한테 "보라색 꽃도 심고, 도라지도 심고 이렇게 하자."고 설득했어요. 몇 년 후 전라남도에서 가고 싶은 섬 사업을 하면서 20억을 받았고, 총 250억 원이 투자됐어요. 250억 원을 쓴다니까 다른 섬 사람들이 이의를 제기합니다. "왜 그 섬에만 그렇게 하나. 나눠서 하지." 제 대답은 "우리는 돈이 없으니까 나눠서 하면 아무것도 안 된다. 이거 하나를 전략적으로 이렇게 해 놓고 그리고 하자."고 설득했는데, 절묘하게 맞아떨어져서 퍼플섬에 집중했습니다. 이름도 제가 지었고, 100번 정도 찾아갔습니다. 가서 주민들에게 계속 이렇게 하자 저렇게 하자 해서 꽃도 봄부터 겨울까지 보라색, 지역 주민들도 옷을 보라색으로 맞춰주고, 밥그릇 국그릇도 다 보라색, 심지어는 팬티, 런닝까지 보라색으로 사줬다니까요. 그런데도 사실 국내 언론은 관심이 없었어요. 홍콩의 『열폭열정』이라는 잡지에서 제일 먼저 퍼플섬을 표지 모델로 썼고, 잡지 제일 가운데에 이렇게 2면에 한국의 핫 플레이스로 소개해 줬어요. 그 후 독일 방송, CNN, 로이터, 폭스 등 세계적 언론사들이 계속 온 거예요. 그리고 나니 국내 언론이 그때서야 관심을 갖더라고요.

김: 제가 홍콩 연구년에서 돌아온 지 한 달이 안 됐어요. 2021년 내내 홍콩에 있었는데 홍콩에서 퍼플섬 이야기를 처음 들었어요. 홍콩 학생이 인터넷 검색해서 나한테 딱 보여 주면서 "Dr. Kim, do you know this island?" 그러는 거예요. 아직 못 들어 봤다고 했더니 자기는 코로나만 끝나면 무조건 여기를 간다는 거예요.

박: 그렇군요. 비록 그것이 성공할지 안 할지 모르지만 그 길로 쭉 가자고 해서 보라색 섬 선포식을 하고, 입장료를 받으라고 했고, 5천 원 받으면서 신의 한 수가 또 있어요. 보라색 옷을 입고 입장한 사람은 입장료가 면제입니다. 매주 월요일 아침에 이번 주에 제일 특이하게 보라색 옷을 입고 온 사례를 보고 받고 직원들과 공유하는데, 선글라스, 모자, 머리 염색, 치마, 바지, 양말, 신발까지 쫙 보라색을 입고 오고, 또 한복 입고 온 사람도 사진 찍어서 자기 아는 사람한테 보내는 거죠. 사진 보세요.

김, 홍: 와! 멋지네요.

박: 엄청 환상적이에요. 특히 해가 뉘엿뉘엿 질 시점에 여기가 이제 이 다리도 보라색으로 했지만 조명도 보라색이 있어요. 4월부터 한 11월까지 저녁때마다 이렇게 불이 쫙 들어올 때 보면 환상적입니다. 지금 파리 패션위크도 퍼플섬에서 촬영하고, 팬톤이라는 컬러 연구소의 2022년 올해의 색이 퍼플색이에요. 그리고 BTS 노래에도 퍼플이 있고요. UN 최우수 관광마을 수상식에 가서 보니 33개 나라의 33개 마을이 최우수 관광마을로 선정됐는데, 다른 마

을에 비교하면 퍼플섬은 역사가 비교가 안 됩니다. 우리는 딱 3년 만에 바짝 만들어 냈죠. 완전히 한국의 경제 성장과 똑같은 대표적인 사례예요.

김: 아주 대단한 성공 사례라고 생각이 들었어요.

박: 병풍도의 12사도 순례길도 섬 주민들의 90%가 교회를 다녀요. 물이 들면 5개 섬으로 나눠져요. 못 가요.

홍, 김: 오~.

박: 그런데 섬별로 1km에 하나씩 교회를 만들어서 열두 사도 제자의 이름을 따서 베드로부터 저기 배반한 가롯 유다까지 해서 12km를 걸어가야 돼요. 저기 섬에는 카페도 없고, 식당도 없고, 아무것도 없어요. 불편하기 짝이 없어요. 1년에 저 섬에 온 사람이 한 50명 될까 하는 그런 섬이었어요. 작년에 12사도 순례길을 만들고 난 뒤 5만 3천 명이 다녀갔어요. 차 타고 가 내려서 배 타고 도착하면 한 서너 시간 걸어 다녀야 돼요. 어디 쉴 데도 없어요. 여기 우리가 플래카드를 걸었어요. "왜 불편한 그 섬에 가시려고 합니까?" 병풍도에서도 스토리만 튼튼하면 성공할 수 있다는 것을 확인했어요. 그래서 저 섬도 지금 계속 보완, 보완하면서 만들어 가고 있죠.

김: 좋더라고요. 저는 사진에서 봤던 것보다 실물로 봤을 때 굉장히 훨씬 강렬하고. 갯벌 위를 걸어가는 게 굉장히 좋았고, 물이 차

서 걸어가도 좋겠지만 개흙 위를 걸어가는 거는 굉장히 색다른 경험이었고요. 또 여기는 그 다리가 정말 핵심이구나 하는 생각과 이게 또 확장가능성이 굉장히 많구나 하는 생각이 들었어요. 다리는 또 놓으면 되니까.

박: 그렇죠.

김: 지금 말씀 들어 보니까 군수님께서 저희가 걸어가면서 논의했던 것들을 이미 다 고려하셨네요.

박: 제 업무의 60%는 나무 심고, 꽃 심고, 공원 만드는 것입니다. 나머지 30%는 세계적인 예술가들이 와서 만드는 1도 1뮤지엄 프로젝트의 진행이고, 한 10%만 일상 행정 업무예요.

김: 탁월하십니다. 전국 지자체 중에 군수님이 최고예요.

박: 4년만 지켜보시면 신화를 만들어 낼 거예요. 지금 제 목표는 국회의원도 할 생각 없고, 도지사 할 필요도 없습니다. 제일 낙후되고, 소외되고, 희망도 없고, 사람들이 떠나고 싶은 이런 공간이 화려하게 부활하는 것을 보여 주고 싶은 겁니다. 그럴 수만 있다면 한 번 왔다 한 번 가는 인생에 의미 있는 거 아닌가요?

김: 세계적인 벤치마킹의 포인트가 될 거예요.

박: 비금·도초도에 500억짜리 건물 지어 준다 해서 서울 사람들이 와서 감동하겠어요? 그냥 '큰 건물 지었구나.' 이 정도지. 그렇지, 그 이상도 아니에요. 화성이나 평택 시장들은 예산이 한 4조 원 정도 되니까 천 억짜리 건물 짓고 그러는데, 도초도 환상의 섬을 걸고 나서는 감동합니다. 산림청에서 와서는 어떻게 군비로 도비 합쳐 48억 원으로 이렇게 멋진 조경을 했느냐면서 '감동이다, 감동이다, 감동이다'고 이야기해요. 신안군 생긴 이래 산림청장이 온 일이 한 번도 없었는데, 산림청장이 와서 보고는 감동이란 말을 한 열다섯 번 정도 하고 갔어요. 저기 중앙일보에 나왔던 보도 기사인데요. 저 위에 노란 것은 수선화의 섬이에요. 수선화가 지고 나면 조금 허전하니까 그 섬을 노란색 섬으로 만들었어요. 이제 우측 저기는 퍼플섬이고, 이 밑에는 수국의 섬이 거기 마을이 저렇게 코발트블루로 한 거예요. 저기는 맨드라미, 맨드라미 주력색이 주홍색이어서 동화마을처럼 보이도록 이렇게 주홍색으로 칠했어요. 온 마을마다 섬이 살아났어요. 섬이 살아났어. 한번 다음에 병풍도에 가서 저 순례자길도 걸어 보고 맨드라미의 정원도 가서 보시면 정말 그 마을이 그냥 아기자기하니 동화의 섬처럼 보일 겁니다. 신안군은 앞으로 4년만 더 이 스타일을 밀고 가면 한국의 지방 행정의 새로운 패러다임을 보일 수 있을 거예요. 아, 그렇게 될까요, 과연?

김: 될 것 같아요.

직원들이 열정이 있게 하려면 군수가 거기에 미쳐 있어야

박: 우리 직원들 모두, 특히 군수 옆 핵심 부서에 있는 직원들은 다 미쳐 있어요. 다른 자치단체는 절대로 꿈을 못 꾸는 일이에요. 절대로 꿈을 못 꿔요. 직원들이 그런 열정이 없어 갖고는 안 돼요. 그럼 그런 직원들이 열정이 있게 하려면 군수가 거기에 미쳐 있어야 돼요. 직원들을 감동시키고, 직원들이 함께하기를 자발적으로 하게 해야지 시켜서는 못해요. 12사도 순례길 교회 이야기를 말씀 드리면요. 저 교회 하나가 8천만 원짜리예요. 외국 사람이 네 사람 프랑스 작가, 스페인 작가 등 여덟 명이 저걸 하겠대요. 설계서도 없이. 그런데 8천만 원이면 우리가 수의 계약 할 수 있는 예산 한도 가 2천만 원이에요. 여성 기업이면 5천만 원도 할 수 있어요. 그런 데 누가 저걸 해요. 그러니까 우리 직원들이 몇날 며칠을 고민했죠. 우리가 묘안을 낸 것이 한 세 명 정도 들어가는 작은 교회를 '저걸 예술품으로 보자' 그렇게 합의를 봤어요. 저, 부군수, 국장, 과장, 계장 직원들이 다 모여 회의를 해 가지고 좋은 아이템이다 하자. 그런데 할 방법은 이 방법밖에 없다. 우리가 저걸 미술품으로 구입하자. 게다가 예술가들이 돈이 없다고 하니까 3개 우선 짓고 예산 지불하면 그동안 4개 짓는 방식으로 12개를 다 지은 거예요. 설계서도 없이 자기들이 지역에서 나는 재료를 최대한 활용해서 만든 겁니다. 돌로 만든 절구통을 잘라서 2번 교회의 재료로 썼지요. 그걸 보면서 다른 자치단체는 할 수가 없는 일이라고 확신했어요.

홍: 예산 집행이나 회계 처리 이런 게 복잡하니까 말이지요?

박: 이것은 군수와 전 직원들이 한 마음으로 딱 그렇게 하자. 그렇게 이제 설득하고 함께하는 과정을 거쳤기 때문에 가능하지 불가능해, 불가능합니다. 군에서 열심히 한다는 소문이 도니 도와주는 사람들도 많습니다. 임자도에 100억 원짜리 한국 매화정원이 있는데, 그것도 우리가 나무를 계속 이렇게 심으니까 한국 매화를 갖고 있는 사람이 한 그루에 7천만 원가량 하는 매화 390그루를 기증했어요. 저희는 기증에 대한 보답으로 2억 6천만 원 정도만 드렸어요. 이런 식으로 예산을 절감하고 있습니다.

홍: 군수님, 제가 이제 궁금한 게 저는 KBS 피디 출신이고 지금은 학생들한테 기획하는 걸 가르치거든요. 가르치는 입장에서 볼 때 군수님이 굉장히 기획 아이디어가 좋으신 것 같아요. 두 가지인데, 먼저 세계적인 건축가나 예술가들을 유치할 때 어떻게 그것을 판단하시고 또 자문을 받으시는지 궁금합니다.

박: 저는 마침 이것도 운인 것 같은데요. 일본 오사카 대학에서 지방자치법으로 석사과정을 할 때, 제가 사무관 때 갔으니까 정부에서 저에게 2억 정도 지원해 준 덕분입니다. 생활비로 월 한 그때 당시에 350만 원 주고 봉급은 봉급대로 다 주고, 학비 다 대주고 하고 한 2억 소요됐어요. 그것이 결정적으로 지방 행정에 와서 새로운 어떤 흐름 그리고 세계적인 흐름을 조금 이렇게 볼 수 있는 기회를 준 것 같아요.

  그러니까 제가 보기에는 유학의 경험이 큰 도움이 됐고, 일본에서 보고 듣고 했던 부분이 큰 도움이 됐던 것 같습니다. 두 번째로는 마침 우리 큰 아이가 서강대에서 철학을 공부하고 이대 미대에서 서양미술사를 전공을 했어요. 박은선 조각가는 의미가 있다고 봤지만 다른 예술가들은 잘 모르죠. 그래서 제 생각이 앞으로 트렌드는 문화예술에만 집중을 해야 희망이 있다, 지방 행정도 그런 방향으로 가야 된다고 생각을 하고 있었던 차에 딸에게 자문을 받은 셈이죠. 마리오 보타, 올라퍼 엘리아슨, 앤터니 곰리도 모르냐고 타박은 하면서도 현대 미술 말만 띄우면 그 딸이 딱딱딱 이야기를 해 주더라고요. 그래 그러면 내가 죽기 아니면 살기로 해야 되겠다. 일반적으로 세계적인 작가라고 소개를 하면 바로 결정해서 하자, 돈이 최소한 천 억, 2천 억 들어 가는 것이 아니고 한 200억 정도 들어 가는데 그러면 돈은 별개의 문제예요. 절대 돈이 판단 기준이 돼선 안 됩니다. 일단은 가치 있는 일이면 하고, 돈은 다 해결이 되더라고요. 길이 보이면 돈은 해결됩니다. 왜냐하면 예산이 한 번에 딱 필요한 것은 아닙니다. 건립에 5년 걸리면 5년에 나눠서 필요하기 때문에 돈은 어떻게든지 마련해 올 수 있어요. 심지어 빚을 내서라도 마련할 수 있는 게 돈이에요. 그렇기 때문에 그런 기회가 오는데, 또 운이 좋으려고 주변에 그렇게 도와주신 분들의 제안이 들어오더라고요. 오늘 인터뷰 소개해 준 MBC 김윤 기자는 어떤 사람이냐. 저에게 "군수님, 박은선 조각가라고 아세요? 오늘 목포에 오는데 만나 보실래요?" 당장 만나게 해 달라고 했지요. 두 달 전인가 석 달 전에 조선일보 일면에 박은선 조각가가 나왔더라고요. 목포 출신이라고 해서 신안에 오면 얼마나 좋을까 했더니 그런 기회가 온 거죠. 목포시장을 7시에 만나게 돼 있다고 해서 6시에 만나 이야기를 했어요. 만약 목포시장이 미술관 건립을 제안하면 나는 포기하겠다. 대신 목포시장이 제안을 하지 않으면 신안과 결정하자. 목포시장을 7시에 만나서는 미술관 건립 이야기 없이 밥만 먹고 헤어졌다고 해서 당장 신안으로 오라고 했죠. 다음 날 바로 행정선에 태워서 미술관 부지 보러 갔습니다. 박은선 작가가 몇 년 전에 부산에서 전시회를 하며 70억 원 작품을 가지고 부산시장인가가 업체들 연결해서 작품 구입을 도와주었고, 다음에 재선되면 미술관 만들고 싶다고 제안했다는 거죠. 제가 운이 있을라고 그랬는지 선거에서 낙선했죠(웃음). 오거돈 시장이 된 뒤로 그 약속이 없어져서 신안으로 온 거죠. 그런데 미술관 이야기를 나누면서 박은선 작가가 마리오 보타하고 엄청 친하다는 것을 알게 됐어요. 마리오 보타가 "당신 고향에다가 미술관을 하나 만들어라."라고 말하니까 자기는 나중에 서울에다 만들고 싶다고 하자, 너의 정체성을 위해서는 고향에 만드는 게 좋겠다고 말했다는 거죠.

홍: 마리오 보타가 대단하네요.

박: 당신 미술관을 만들면 도와주겠다는 거죠. 마리오 보타, 지금 거의 다섯 번 와서 설계 다 했어요. 4월까지 납품인데 조감도가 훌륭합니다. 마리오 보타는 40억, 50억 갖고도 좀처럼 설계 안 해 주는 건축가인데, 거의 공짜로 해 주었습니다. 자치단체가 무슨 돈이 있냐고 하면서 말이죠.

김, 홍: 이 스토리 자체가 다큐감이네요.

박: 미술관 건립에 150억 정도 들어가요. 이제 설계해서 나오면 금년에 착공 들어가서 아마 내후년 정도에 준공되고, 또 박은선 작가가 맹인 가수 안드레아 보첼리하고 엄청 친하다고 하더라고요. 그래서 준공식 때 보첼리를 부르려고 합니다. 거기서 보첼리의 공연을 한번 하려고요. 보첼리가 이탈리아 사람들 다 데리고 가면 돈이 엄청나게 드니 본인만 가고 광주나 서울에 있는 오케스트라 부르면 좀 적게 들어간다고 해서 지금 오프닝 공연까지 생각하고 있어요. 제가 보기엔 꿈같은 일들이죠. 이런 미술관 5건이 함께 진행되고 있으니, 4년만 지켜보면 정말 엄청 달라진 모습이 될 겁니다. 또한 민중예술가 홍성담 고향이 신안입니다. 전 세계적으로 작은 자치단체 안에 이렇게 많은 세계적인 작가가 모이는 곳은 딱 하나입니다.

홍: 광주 비엔날레 30년 한 것보다 더 큰 효과가 기대됩니다.

박: 이번에 이렇게 기틀을 잡잖아요. 그러면 이제는 세계 유명한 예술가들이 서로 오겠다고 할 겁니다. 한국 민중예술의 선구자인 홍성담 작가의 미술관을 유치할 때도 쉽지 않았어요. 신안군에서 2008년부터 홍성담 작가와 미술관 건립을 협의했으나, 홍 작가는 행정기관과는 협력 의사가 없다고 말했죠. 2018년에 제가 다시 군수로 취임하자마자 이 사업을 다시 추진하기로 했어요. 이번에는 전략을 바꿔서 신안군에서 홍성담 작가와 직접 협의하지 않고 신의도에 살고 있는 홍 작가의 이모 등 친척과 친구들에게 부탁하여 작가를 설득하자고 했어요. 이 전략이 잘 맞아떨어져 2018년 10월경

에 군수실에서 홍성담 작가와 신의도 친척과 친구 모두 함께 만나서 미술관 건립을 두고 담판을 벌였어요. 홍 작가는 이미 후원자들을 중심으로 광주광역시에 미술관 건립 토지를 확보한 상태였죠. 저는 이렇게 말했죠. "홍 작가, 광주, 서울도 좋다. 알다시피 신의도는 문화예술의 불모지다. 홍 작가 머릿속의 모든 생각이 신의도(옛날 하의도) 지역의 농민항쟁운동과 지역 역사를 몸으로, 가슴으로 느꼈던 것을 그림으로 표현한 것이 아닌가. 그것은 홍 작가 것이 아니고 온전히 신의·하의도 주민들 것이 아닌가? 신의도와 하의도에 백남준 미술관이 들어선다고 해도 주민들에게는 큰 감흥이 없을 것이네. 홍 작가는 신의·하의도 주민들과 조카, 아제, 친구, 동생의 관계이기 때문에 주민 모두가 자랑스러워하고 사랑하게 되는 미술관이 될 것이네, 부탁하네."

홍 작가는 이 말에 감동하면서 "생각해 보니 제가 재판받을 때마다 신의·하의도 주민들이 법정에 참석해 격려해 준 것을 생각하면 머리털을 뽑아 신발이라도 엮어 보답해야 하는데 그 차원에서라도 하겠습니다."라고 말하면서 신안군과 홍 작가 사이의 10년간의 밀당이 결실을 맺게 된 것이죠.

가까운 곳에 작은 공원 하나 있는 것이 사회적인 정의

홍: 네네. 또 하나의 궁금증은 아까 나무하고 꽃에 대해서도 굉장히 사람들이 이걸 좋아한다는 거를 파악하신 거잖아요. 그런 걸 공부하신 걸까요?

　박: 언제 한번 하남시에 가 보세요. 하남시에 가면 1999년부터 2000년대까지 조성된 나무 고아원이 있어요. 하천 부지 한 2만 평에 미사리 뚝방길 4km에다가 수도권의 재건축, 재개발로 뽑힌 나무들을 하남시에서 수용하는 나무 고아원을 만들었어요. 20년이 딱 지나니까 이 나무가 이렇게 된 거예요. 지금도 하남에 가면 전설이에요. 왜 전설이냐면 20년을 내다보고 그렇게 도시를 만들었다고 그래서죠. 100억을 들여서 건물을 지으면 시민들한테 가는 영향이 약 1~2%예요. 그런데 도시에 그렇게 버려진 나무 갖다가 시내에다 심으니까 사람들이 다 좋아하는 거야. 그래서 10억, 20억이 시민 15~20%를 감동시키더라니까요. 10억 투자했는데도 시민 20%가 감동하는 걸 직접 봤어요. 그때 제가 도시 행정을 하면서 직접 보고 느낀 거예요. 그래서 신안에 와서도 그런 부분에다가 올인하는 겁니다. 절대로 이건 남는 장사죠. 처음엔 저거 뒷돈 먹고 저렇게 하려고 섬에다가 나무 심는 거 아니냐, 심어서 뭐하려고 그러냐, 저런 돈 있으면 다른 데다 쓰지, 나무 심으면 새가 오고 벼농사 피해 오는 거 아니냐, 그런 부정적인 이야기가 막 하늘을 찔렀어요. 생전 보도 못한 저렇게 큰 나무를 갖다 심었다고 하니 미쳤다고 하지 정상적으로 봤겠어요? 다 만들어 놓으니까 주민들도 그렇게 좋아합니다. 꼭 자기 집 정원같이 생각해서 자식들한테 '도초가 천지개벽이 됐어. 이렇게 멋있게 됐단 말이야.' 꼭 자기가 만들어 놓은 것처럼 이야기합니다. 그렇게 비난했던 사람들이. 제가 지방 행정을 하다 보니 도시에서 소득이 높은 사람은 속초도 가고 해외도 가고 하는데, 돈 없는 사람은 시간도 없어요. 자기 생활 공간 가까운 곳에 작은 숲, 작은 공원 하나 있는 것이 사회적인 정의예요. 오늘

내가 부부 싸움해서 기분 나빠 대문을 나섰는데, 단풍나무에 단풍
이 들어 있고 '아 가을이 왔네.'라고 느끼며 분노와 절망감을 좀 내
려놓을 수 있다면 사회적 가치가 얼마나 할까요? 얼마나 큰 사회적
인 가치냐 그 말이에요. 우리가 막 일자리만 만들어 주는 것이 당
장 도시의 소득을 높이니 그런 부분만 중요한 것이 아니라 없고 못
사는 사람들이 어떻게 하면 절망감과 분노에서 마음을 좀 위로받
을 수 있을지 생각하는 부분이 더 중요하지 않을까요? 이처럼 도
시 행정이라는 것을 어떻게 생각할 것인가가 중요합니다. 하남시
에서의 성공 경험이 있기에 신안에서도 신념을 가지고 할 수 있는
겁니다. 농로 포장해 주고 보조금 주고 이런 걸 하면 주민들이 당
장은 좋아하지만, 먼 미래를 내다보는 것도 필요합니다. 또한 제
가 민주당 강세 지역에서 무소속으로 두 번 정도 당선돼서 강력한
자기 신념과 지지 기반을 갖고 있는 사람이기 때문에 소신 있게 할
수 있었습니다.

홍: 두 가지만 더 질문할게요. 창의적인 아이디어가 굉장히 좋으
신데, 어떤 제안을 했을 때 처음에 공무원들을 설득하기가 어려웠
을 것 같습니다. 굉장히 반대하는 사람도 많았을 거고, 저항이 굉장
히 많았을 텐데 그것을 어떤 방식으로 해결하셨는지요.

박: 지난 8년간 군수를 하면서 제 업무 스타일을 우리 직원들이
다 숙지하게 된 거죠. 처음에는 엄청 힘들었어요. 뭐도 안 되고 준
비도 안 된다고 그렇게 대답해서 그때는 저도 나이가 젊어서 저를
우습게 생각하는 직원들도 있었는데, 제가 업무를 엄청 박진감 있

게 추진했고, 한 번 밀어붙인 걸 본 뒤에는 직원들이 팀워크가 이뤄
지고 잘됐죠. 직원들을 움직이게 하기 위해서는 첫째 행정을 잘 알
아야 돼요. 법령에서부터 실제까지 쫙 뜯어 보니까 직원들이 그것
에 대해서는 이견이 없어요. 그다음에는 항상 바람직한 대안을 생
각해요. 제가 앉아서 지시만 한 것이 아니라 제가 선봉에 서서 직원
들하고 함께 일하며 지난 8년을 보냈고, 4년 쉬고 이제 다시 돌아와
서 3년 동안 하며 시너지가 폭발하면서 우리 직원들도 열심히 잘하
고 해서 업무 성과가 나왔습니다. 사실은 직원들이 최근 3년 6개월
사이에 12년 한 만큼 했어요. 유엔 세계 최우수 관광마을로 선정된
퍼플섬뿐만 아니라 거의 모든 섬이 전부 지금 이렇게 달리고 있습
니다. 저처럼 중앙부처에서 한 20년 잔뼈가 굵었고, 또 신안 와서
군수 8년 하면서 지역 사람들과 호흡했고, 의회나 공무원들과도 한
마음 한뜻으로 일사불란하게 움직이니까 가능한 일이지, 내부 조
직을 모르는 초선 군수가 와서는 쉽지 않은 일입니다. 군수는 법과
제도 등 규정을 잘 꿰고 있어야 합니다. 규정과 관련한 문제가 생길
때마다 군수가 해결해야 돼요. 그리고 직원들한테 대안을 제시해
야지요. "이거 이렇게 하면 안 되나? 이렇게 같이하면 어떨까?" 직
원들이 저와 연습을 많이 하다 보니 지금은 직원들 스스로 대안을
짜 가지고 와서 "이런 방법, 이런 거, 이렇게 합시다."라고 제안하니
저는 의사결정만 하니까 에너지도 적게 소모되죠.

직원들이 보기에 군수가 우리를 속이려 하거나 유권자들한테 표
얻으려고 하는 것이 아니고 진심에서 우러나와 최선의 방안을 찾
으려고 노력하는 사람이라는 점을 인정한 다음에 직원들이 마음을
열었어요. 최선을 다하는 우리 직원들을 제가 업고 다니고 싶을 정

도입니다. 전국 자치단체 중에서 우리 직원들이 최고로 일을 잘해요. 자은도에 수석 정원 하나 만든 것도 돈이 없으니까 직원들이 다한 겁니다. 외부 업자로 인한 예산 낭비를 3분의 2 이상 줄였고, 부실공사 없이 공무원 책임제로 만든 거죠. 이것은 다른 자치단체가와서 가르쳐 준다 해도 따라 하기 힘든 것입니다.

홍: 놀랍네요.

지자체장에게 꼭 필요한 역량은 상상력

박: 자치단체장의 능력 중 딱 한 가지를 고른다면 저는 상상력이라고 생각합니다. 지도자는 반드시 상상력이 있어야 합니다. 창의력이 있어야 돼요. 그것이 한계점에 도달한 자치단체만이 갖고 있는 특별한 그 뭔가를 찾아낼 수 있는 유일한 힘이에요. 상상력이 없고 창의력이 없어 갖고는 절대로 새로운 모델, 새로운 방향, 새로운 것을 만들어 낼 수가 없어요. 그러면 어떻게 상상력과 창의력을 갖게 할 거냐? 공직자 하면서 유학을 다녀와서 공적인 그런 것을 바라보기도 하고, 제3자의 입장에서 바라보기도 하고, 다양한 경험도 필요하지요. 덕분에 저 같은 경우는 민주당 우세 지역에서 무소속으로 세 번 당선됐어요. 하느님이 저를 도와주신 거죠. 저를 선택해 주신 거죠.

김: 특출하십니다.

박: 그래서 저는 주민들이 요구하기 전에 한발 앞서서 정책을 계속 제시해요. 섬이 나아가는 거, 신안군 전체가 이런 방향으로 나아가는 것은 누가 제안하기 전에 한 발 내지 두 발 앞서서 내가 생각하고 제시하면서 또 그걸 실현시키려고 노력하며 나아가요. 제가 보니까 시장, 군수, 공무원 또는 앞으로 미래가 불확실한 사회에서 조직의 지도자가 갖고 있어야 할 역량은 바로 그거예요. 창의력, 상상력. 물론 위험도 있고, 실패할 확률도 있지만 그래도 나름대로 성공할 가능성이 높은 거죠.

홍: 오늘 귀한 시간 내 주셔서 진심으로 감사합니다. 정말 많은 것을 배우고 갑니다.

미주

제1장 색깔이 사람을 끌어들이는 컬러 마케팅

1) 김병희(2022. 2. 26.). "광고에서 채굴한 행복 메시지7: 보랏빛 섬이 온다." 한경 CMO Insight, 한국경제. https://www.hankyung.com/economy/article/202202261154i
2) 김명원(2022. 3. 29.). "사람들의 마음을 움직이는 컬러 마케팅." 소비자평가. http://www.iconsumer.or.kr/news/articleView.html?idxno=23870
3) 이영주, 조동혁(2020). "컬러 마케팅이 브랜드 이미지, 고객만족 및 재방문 의도에 미치는 영향에 관한 연구." 글로벌경영학회지, 17(1), pp. 85-102.
4) 김신애, 권기대(2014). "컬러 마케팅, 브랜드 카리스마와 마케팅성과 간의 관계 연구." 한국산학기술학회논문지, 15(1), pp. 144-156.
5) 도지윤, 서주환(2021). "빅데이터를 활용한 섬 관광지의 경관 특성 분석: 신안군 박지·반월도를 대상으로." 한국조경학회지, 49(2), pp. 61-73.
6) 신안군(2022). "신안군 홈페이지 1004섬 신안군." http://www.shinan.go.kr
7) 신안군(2022). 『보라꽃의 향연 퍼플섬 백서』. 전남: 신안군.
8) 스에나가 타미오 저, 박필임 역(2001). 『색채심리』. 서울: 예경.
9) 세스 고딘 저, 남수영, 이주형 역(2004). 『보랏빛 소가 온다』. 서울: 재인.
10) 홍기철(2020. 9. 1.). "보랏빛 성지 신안 퍼플섬, 세계 관광명소됐다." 머니S.
11) Marcus, L., & Kwon, J. (2021. 2. 8.). "South Korea's all-purple Banwol

island is a photographer's dream." CNN. https://edition.cnn.com/travel/article/banwol-purple-instagram-island-south-korea/index.html

12) 황윤정, 김도희(2021. 2. 23.). "외신도 반했다: 원더풀! 신안 퍼플섬." 연합뉴스.

13) 신안군(2021. 12. 3.). "유엔세계관광기구가 선정한 퍼플섬 최우수 관광마을." https://blog.naver.com/1004_shinan/222585873384

14) 도지윤, 서주환(2021). "빅데이터를 활용한 섬 관광지의 경관 특성 분석: 신안군 박지 · 반월도를 대상으로." 한국조경학회지, 49(2), pp. 61-73.

15) 신안군(2022). 『보라꽃의 향연 퍼플섬 백서』. 전남: 신안군.

제2장 꽃과 나무로 지역을 재생하는 그린 마케팅

1) 여훈구(1995). 『그린 마케팅』. 서울: 안그라픽스. p. 24.

2) 오창우(2007). "그린(green) 광고의 특징 및 프레임 분석을 위한 다차원적 접근방법." 광고학연구, 18(1), pp. 7-39.

3) Kilbourne, W. E. (1995). "Green Advertising: Salvation or Oxymoron?". Journal of Advertising, 24(2), pp. 7-19. 오창우(2007)에서 재인용.

4) 이상선(2022. 8. 10). "팽나무 10리길 생태복원숲: 신안군, 탄소중립 앞장." 광주일보.

5) Kyuhoshi Japan Travel & Culture Guide (2022. 7. 7.). "10 Best Flower Fields in Hokkaido." https://www.kyuhoshi.com/best-flower-fields-in-hokkaido/

6) 이재언(2021. 4. 30.). 『한국의 섬』. 전남: 신안군.

7) 홍경수(아주대학교 문화콘텐츠학과 교수)

8) 이재진(2022. 3. 14.). "선도 수선화축제, 섬 할머니가 가꾼 꽃밭 명품 수선화 섬 되다." 월간 산. http://san.chosun.com/news/articleView.html?idxno=15632

9) 정헌관(2008). 『우리 생활 속의 나무』. 서울: 어문각.

10) 김경옥(2021. 7. 1.). "전남 희망 아이콘 섬 · 바다 이야기: 수국 천국 신안 도초도." 남도일보. http://www.namdonews.com/news/articleView.

html?idxno=651811

11) 월간 산(2021. 5. 13.). "신안 특집: 수국이 핀다, 여름이 저만치 왔다."

12) 김경옥(2021. 7. 1.). "전남 희망 아이콘 섬·바다 이야기: 수국 천국 신안 도초도." 남도일보. http://www.namdonews.com/news/articleView.html?idxno=651811

13) 한국일보(2021. 10. 19.). "팽 당할 처지 700그루 팽나무, 이 섬으로 이주해 '명품숲' 됐다." https://www.hankookilbo.com/News/Read/A2021101909220001640?did=NA

14) 정용식(2021. 1. 11.). "신안군 압해도와 분재공원 애기동백." 헤럴드 경제. http://news.heraldcorp.com/view.php?ud=20210111000942

15) 월간 산(2020. 1. 3.). "1004섬 신안 특집: 압해도 겨울 꽃 축제, 애기동백꽃 새 명소 압해도 분재공원." http://san.chosun.com/news/articleView.html?idxno=13416

16) 김준(2019. 5. 17.). "마음을 여니, 뱃길이 열렸다, 전남 고흥군 쑥섬." 대한민국 정책브리핑. https://www.korea.kr/news/cultureColumnView.do?newsId=148860941

17) 고승찬(2020. 5. 28.). "노지 재배 올리브 용도별 품종 선발로 새로운 소득원 창출." 뉴제주일보. http://www.jejuilbo.net/news/articleView.html?idxno=145534

18) 홍선기(2019). 『도서학』. 서울: 민속원. 재인용.

제3장 예술로 지역에 활기를 불어넣는 아트 마케팅

1) JTBC (2021. 6. 9.). "그림도둑들."

2) 신안군(2022). "군소장 미술품." https://www.shinan.go.kr/home/www/about/cultural/cultural_art/collection_01/page.wscms

3) 김환기(2005). 『어디서 무엇이 되어 다시 만나랴』. 서울: 환기미술관. p. 30.

4) 김환기(2005). 같은 책. p. 113.

5) 김환기(2005). 같은 책. p. 131-132

6) 김환기(2005). 같은 책. pp. 216–217.

7) 김환기(2005). 같은 책. p. 211.

8) 이영란(2022. 6. 29.). "성악가 보첼리 무대에 우뚝 세워질 박은선의 조각, 무한기둥." 뉴스핌. https://www.newspim.com/news/view/20220629000837

9) MARIO BOTTA STUDIO (2022). http://www.botta.ch/en/STUDIO

10) 마리오 보타(Mario Botta), 리움 미술관 마리오 보타 인터뷰 중.

11) 영화 〈마리오 보타: 영혼을 위한 건축〉 중.

12) 임나래(2021. 11. 6.). "길 위의 갤러리: 붉은 벽돌의 대명사 마리오 보타(Mario Botta)가 한국에 남긴 건축물. 문화뉴스. http://www.mhns.co.kr/news/articleView.html?idxno=515044

13) 최선희(2011. 5. 15.). "육체의 자유 제한할 때 인간의 영혼은 더 멀리 나아간다." 중앙선데이. https://www.joongang.co.kr/article/5488187

14) 최선희(2011. 5. 15.). 앞의 기사.

15) 리베카 솔닛 저, 김정아 역(2017). 『걷기의 인문학』. 서울: 반비. p. 20. (일부 필자 수정).

16) 리베카 솔닛, 같은 책. pp. 20–22.

17) 손상원(2018. 9. 2.). "섬을 디자인한다: 윤미숙 전남도 섬 전문위원." 연합뉴스.

18) 서영채(2013). 『인문학 개념정원』. 서울: 문학동네. p. 192.

19) 박경일(2019. 10. 11.). "네 개의 섬 잇는 힐링 로드 '작은 산티아고'를 걷다." 문화일보.

제4장 나오시마 예술섬과 에치고 츠마리의 대지예술제

1) 박진도(2022. 7. 3.). "소빈 박진도의 가보세: 지방소멸 부추기는 지방소멸론." 한국농정.

2) 노리에 허들 외 저, 박석순 역(2001). 『꿈의 섬: 일본의 환경비극』. 서울: 이화여대출판문화원.

3) 이용환(2019. 10. 17.). "버려진 쓰레기 섬 운명 바꾼 예술의 섬 프로젝트." 전

남일보. https://jnilbo.com/view/media/view?code=2019 101713243256945

4) Chichu Art Museum (2022). 홈페이지. https://benesse-artsite.jp/en/art/chichu.html

5) GA. (2013). PLOT 04. 西沢立衛: 建築プロセス. pp. 72-73.

6) 이용환(2019. 10. 17.). "버려진 쓰레기 섬 운명 바꾼 예술의 섬 프로젝트." 전남일보. https://jnilbo.com/view/media/view?code=2019 101713243256945

7) 류정화(2020. 9. 16.). "유럽 아트 그랜드 투어: 카셀 도큐멘타." Acid Art. https://blog.naver.com/ryu1ryu2/222091372378

8) 임근혜(2019). 『창조의 제국』. 서울: 바다출판사.

9) 홍경한(2019. 4. 21.). "홍경한의 시시일각: 한국판 '에치고 츠마리'는 가능할까." 메트로신문. https://www.metroseoul.co.kr/article/2019042100066

10) 키타가와 후람 저, 김경인 역(2018). 『예술이 지역을 살린다: 대지예술제의 컨셉10』. 세종: 국토연구원.

11) 키타가와 후람 저, 김경인 역(2018). 같은 책.

12) 키타가와 후람 저, 김경인 역(2018). 같은 책.

13) 키타가와 후람 저, 김경인 역(2018). 같은 책.

14) 올라퍼 엘리아슨(2019). Art of Design. 넷플릭스.

15) 한국기업교육학회(2010). 『HRD 용어사전』. 중앙경제.

16) http://izumisano-kyuryo.jp/en/

17) 야마자키 료 저, 민경욱 역(2012). 『커뮤니티 디자인』. 서울: 안그라픽스.

18) 제주의 소리. http://www.jejusori.net

19) 키타가와 후람 저, 김경인 역(2018). 같은 책.

제5장 산토리니에서 배우는 글로벌 섬 관광지 개발

1) 위키백과(2022). "그리스."https://ko.wikipedia.org/wiki/%EA%B7%B8%EB%A6%AC%EC%8A%A4

2) 위키백과(2022). "산토리니섬." https://ko.wikipedia.org/wiki/%EC%82%B0%ED%86%A0%EB%A6%AC%EB%8B%88%EC%84%AC

3) The lovely escapist (2022). "5 Reasons Why You Should NOT Visit Santorini." https://thelovelyescapist.com/visit-santorini/

제6장 신안군의 장소 마케팅 전략을 위하여

1) Kearns, G., & Philo, C. (1993). "Culture, History, Capital: A critical introduction to the Selling." In G. Kearns & C. Philo (Eds.), *Selling places: The city as cultural capital and past and present*. Oxford: Pergamon Press.

2) 김형국(2002). 『고장의 문화 판촉: 세계화 시대에 지방이 살길』. 서울: 학고재.

3) 김현호(2003). "장소 판촉적 지역발전을 위한 장소자산형성에 관한 연구." 국토연구, 36, pp. 77-95.

4) 이수범(2004). "도시 이미지 제고를 위한 장소 마케팅 전략: 인천을 중심으로." 커뮤니케이션학연구, 12(1), pp. 56-83.

5) Hitters, E., & Richards, G. (2002). "The creation and management of cultural clusters." *Creativity and Innovation Management, 11*(4), pp. 234-247.

6) 곽수경(2017). "청산도의 '서편제' 마케팅과 슬로 마케팅." 동북아문화연구, 51, pp. 171-186.

7) 백민제(2017). "공연예술 콘텐츠의 도시 마케팅 활용방안에 대한 연구." 연기예술연구, 10, pp. 97-114.

8) 박인규(2020). "지역 관광자원의 장소 마케팅을 통한 관광활성화 방안: 김천 8경을 중심으로." 한국사진지리학회지, 30(4), pp. 83-97.

9) 구호, 김농오(2009). "신안군 생태관광자원을 활용한 에코투어리즘 적지 분석." 관광연구저널, 23(1), pp. 267-278.

10) 염생식물(鹽生植物, halophyte)은 바닷가의 염분이 많은 토양에서 자라는 식물이다. 세포 속에 염분이 많이 들어 있고 물을 잘 흡수한다. 뿌리 세포의 표피는 염분을 걸러 내는 기능이 높다.

11) 김봉석(2007). "전시회를 이용한 도시 마케팅 활성화에 관한 탐색적 연구." MICE관광연구, 7(2), pp. 59-79.

12) 이인구(2010). "A study on IMC approach to tourism marketing communication strategies of local government: Focused on A-San city in Chungcheongnamdo." 한국사진지리학회지, 20(4), pp. 139-151.

13) 중앙일보(2019. 9. 30.). "이기우의 퍼스펙티브: 허울뿐인 주민자치회 대신 제대로 된 마을 자치 도입해야."

14) AFP (2021. 5. 6.). "Love letters and 'The Little Prince'." https://www.globaltimes.cn/page/ 202105/1222767.shtml

15) 김병희(2022. 2. 20.). "우리는 모두 행복 찾는 어린 왕자." 한경CMO인사이트, 한국경제. https://www.hankyung.com/economy/article/202202205117i

제7장 지방 소멸 시대를 넘어서는 신안군의 도전

1) 마스다 히로야 저, 김정환 역(2015). 『지방소멸』. 서울: 와이즈베리.

2) 마스다 히로야 저, 김정환 역(2015). 『지방소멸』. 서울: 와이즈베리.

3) 서울특별시(2020). 서울역 일대 도시 재생 활성화 지역. https://uri.seoul.go.kr/surc/propProgress/businessAreaInfo.do?bsns_id=LD2015001

4) 비외른 롬보르 저, 홍욱희, 김승욱 역(2003). 『회의적 환경주의자』. 서울: 에코리브르.

찾아보기

내용

저자 소개

김병희(Kim Byoung Hee)

서원대학교 광고홍보학과 교수로 재직하고 있다. 서울대학교를 졸업하고 한양대학교 광고홍보학과에서 광고학 박사학위를 받았다. 한국광고학회 제24대 회장, 한국PR학회 제15대 회장, 정부광고자문위원회 초대 위원장, 서울브랜드위원회 제4대 위원장으로 봉사했다. 그동안 『스티커 메시지』(한국경제신문, 2022)와 『문화예술 마케팅 커뮤니케이션 전략』(학지사, 2020)을 비롯한 60여 권의 저서를 출판했다. 또한 「광고 건전성의 구성요인과 광고효과의 검증」(2022)을 비롯해 광고와 PR에 관련된 110여 편의 논문을 국내외 주요 학술지에 발표했다. 한국갤럽학술상 대상(2011), 제1회 제일기획학술상 저술 부문 대상(2012), 교육부와 한국연구재단의 연구 성과 확산 우수연구자 50인(2017) 등을 수상했고, 정부의 정책 소통에 기여한 공로를 인정받아 대통령 표창(2019)을 받았다.

이메일 kimthomas@hanmail.net

김신동(Kim Shin Dong)

한림대학교 미디어스쿨 교수로 재직하고 있다. 고려대학교 신문방송학과를 졸업하고 동 대학원에서 언론학 석사를, 미국 인디애나대학교에서 매스컴 박사학위를 받았다. 사회 활동으로는 지식협동조합 좋은나라 이사장 및 (사)좋은나라연구원 이사장을 맡고 있다. 파리정치대의 한국학 석좌교수를 지냈으며, 다트머스대, 북경대, 홍콩중문대, 홍콩시티대, 필리핀국립대 등에서 초빙교수로 가르쳤다. 정부의 고위정책자문관으로 르완다 정부에 파견돼 활동한 적이 있다. 한림대 정보기술과 문화연구소 창립 소장을 지냈고 대외협력처장을 역임했다. 국회한류연구회 전문위원, 외교통상부 자문위원 등을 맡았다. 저서에 『Transnational Media』(Wiley-Blackwell,

2019), 『Communication, Digital Media, and Popular Culture in Korea』
(Lexington Books, 2018) 등 다수가 있다.

　이메일 kimsd@hallym.ac.kr

　홍경수(Hong Kyung Soo)

　아주대학교 문화콘텐츠학과 교수로 재직하고 있다. 고려대학교 신문방
송학과를 졸업하고, 서울대학교 대학원 언론정보학과에서 석사와 박사학
위를 받았다. KBS에 PD로 입사해 〈낭독의 발견〉과 〈단박 인터뷰〉를 처음
기획했고, 한국방송대상 우수작품상을 수상했다. 2006년에 가수 송대관을
주인공으로 한 추석특집 다큐 〈섬마을 음악회〉를 증도와 우이도에서 제작
하며 신안군의 아름다움을 알게 됐다. 백상예술대상, 한국방송대상, 미국
국제에미상 심사를 맡았고, TBS 시청자위원장, KBS 경영평가위원, 한국방
송학회 연구이사 등을 역임했으며, 한국언론학회 49대 부회장으로 봉사하
고 있다. 저서에 『오징어 게임과 콘텐츠 혁명』(인물과사상사, 2022), 『기
획의 인문학』(해의시간, 2019), 『예능 PD와의 대화』(사람인, 2016) 등이
있고, 번역서에 『어원은 인문학이다』(사람인, 2018)가 있다.

　이메일 hongks@ajou.ac.kr

보랏빛 섬이 온다
인구소멸시대의 문화예술행정 이야기
Here Comes The Purple Island

2022년 11월 15일 1판 1쇄 인쇄
2022년 11월 25일 1판 1쇄 발행

지은이 • 김병희 · 김신동 · 홍경수
펴낸이 • 김진환
펴낸곳 • ㈜ 학지사

04031 서울특별시 마포구 양화로 15길 20 마인드월드빌딩
대표전화 • 02-330-5114   팩스 • 02-324-2345
등록번호 • 제313-2006-000265호

홈페이지 • http://www.hakjisa.co.kr
페이스북 • https://www.facebook.com/hakjisabook

ISBN 978-89-997-2778-8 03320

정가 18,000원

출판미디어기업 학지사

간호보건의학출판 학지사메디컬 www.hakjisamd.co.kr
심리검사연구소 인싸이트 www.inpsyt.co.kr
학술논문서비스 뉴논문 www.newnonmun.com
교육연수원 카운피아 www.counpia.com